El sello HCBS identifica los títulos que en su edición original figuraron en las listas de best-sellers de los Estados Unidos y que por lo tanto:

- Las ventas se sitúan en un rango de entre 100.000 y 2.000.000 de ejemplares.
- El presupuesto de publicidad puede llegar hasta los u$s 150.000.
- Son seleccionados por un Club del libro para su catálogo.
- Los derechos de autor para la edición de bolsillo pueden llegar hasta los u$s 2.000.000.
- Se traducen a varios idiomas.

LA NUEVA VISIÓN ESPIRITUAL

Títulos del autor publicados por Editorial Atlántida

La Novena Revelación

•

La Novena Revelación: Guía vivencial

•

La Décima Revelación

•

La Novena Revelación
(Libro en audio)

•

La Novena Revelación:
Lo esencial de las nueve Revelaciones

•

En busca de la luz interior

•

Lo esencial de la Décima Revelación

•

La nueva visión espiritual

JAMES REDFIELD

LA NUEVA VISIÓN ESPIRITUAL

Traducción:
Cristina Sardoy

EDITORIAL ATLÁNTIDA
BUENOS AIRES • MÉXICO • SANTIAGO DE CHILE

Diseño de tapa: Peter Tjebbes
Diseño de interior: Natalia Marano

Nota del editor: Los conceptos y expresiones contenidos en este libro son de exclusiva responsabilidad del autor, y por lo tanto sus opiniones no necesariamente reflejan el punto de vista del editor.

Título original: THE CELESTINE VISION

Primera edición publicada por
EDITORIAL ATLANTIDA S.A., Azopardo 579, Buenos Aires, Argentina.
Hecho el depósito que marca la Ley 11.723.
Libro de edición argentina.
Impreso en España. Printed in Spain. Esta edición se terminó de imprimir en el mes de junio de 1998 en los talleres gráficos
Sagarra Mármol S.A., Barcelona, España.

I.S.B.N. 950-08-1974-0

Para todos los que buscan la luz interior

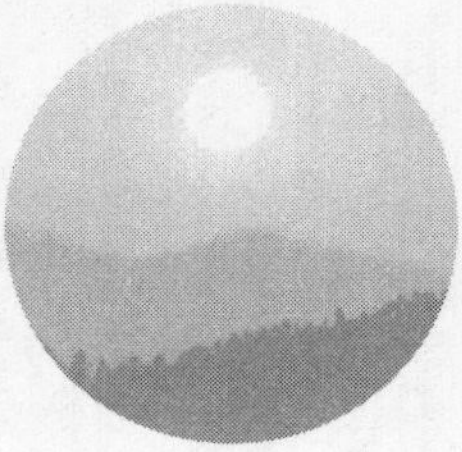

Agradecimientos

Las personas que guiaron la evolución de *La nueva visión espiritual* son muchas más de las que puedo citar aquí. Pero debo mencionar a John Diamond y Beverly Camhe por sus intuiciones estratégicas, a John Winthrop Austin por su investigación inagotable, a Claire Zion por su esmerada corrección, y a Salle Merrill Redfield por su apoyo constante. Quiero, sobre todo, dar las gracias a las almas valientes, pasadas y presentes, por producir las verdades que iluminan nuestro despertar.

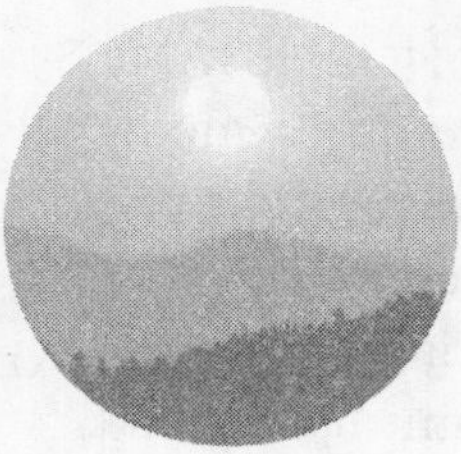

ÍNDICE

PREFACIO: OBSERVAR LA TRANSFORMACIÓN

No hace falta el misterio de un nuevo milenio para convencernos de que algo está cambiando en la conciencia humana. Para quienes tienen una mirada perceptiva, los signos están por doquier. Las encuestas revelan un interés cada vez mayor en lo místico y lo inexplicable. Futuristas respetados ven una búsqueda universal de satisfacción y sentido interiores.[1] Y todas las expresiones generales de la cultura —libros, documentales de televisión, el contenido de los diarios— reflejan una creciente protesta cuyo objetivo es volver a la calidad y la integridad y reconstruir un sentido de la ética basado en la comunidad.

Más importante aún: podemos sentir que algo está cambiando en la calidad de nuestra propia experiencia. Nuestro punto de atención parece estar alejándose de los argumentos abstractos sobre la teoría espiritual o el dogma para alcanzar algo más profundo: la verdadera percepción de lo espiritual tal como se produce en la vida diaria.

Cuando me preguntan a qué atribuyo la popularidad de

mis dos primeras novelas, *La Novena Revelación* y *La Décima revelación*, siempre respondo que esta aceptación no es más que un reflejo del reconocimiento masivo de las experiencias espirituales específicas que estos libros describen.

Aparentemente, cada vez somos más los que tomamos conciencia de las coincidencias llenas de sentido que ocurren todos los días. Algunos de estos hechos tienen un alcance amplio y son estimulantes. Otros son pequeños, casi imperceptibles. Pero todos nos dan pruebas de que no estamos solos, de que algún misterioso proceso espiritual está influyendo en nuestras vidas. Una vez que experimentamos la sensación de inspiración e intensidad que evocan estas percepciones, es casi imposible no prestar atención. Empezamos a estar atentos a esos hechos, a esperarlos y a buscar de manera activa una comprensión filosófica superior de su aparición.

Mis dos novelas son lo que yo denomino parábolas de aventura. Fueron mi forma de ilustrar lo que es para mí una nueva conciencia espiritual que desciende sobre la humanidad. En las aventuras traté de describir las revelaciones personales que cada uno de nosotros experimenta a medida que la conciencia aumenta. Escritas como historias y basadas en mis propias experiencias, resultaba fácil describir estas revelaciones dentro de un argumento específico y un grupo de personajes muy similares a los que se daban en el mundo real.

En ese papel, siempre me imaginé como un periodista o un comentarista social que trata de documentar empíricamente e ilustrar cambios particulares en el *ethos* humano que en mi opinión ya están ocurriendo. De hecho, creo que la evolución sigue avanzando a medida que la cultura adquiere una percepción espiritual mayor. Están proyectadas por lo menos dos novelas más en la serie de las revelaciones.

Para este libro elegí un formato que no fuera ficción porque pienso que, como seres humanos, estamos en un lugar muy especial en relación con esta conciencia cada vez mayor. Da la sensación de que todos la vislumbramos, la vivimos incluso durante un tiempo y luego, por razones que abordaremos precisamente en este libro, muchas veces perdemos el equilibrio y debemos luchar por recuperar nuestra perspectiva espiritual. Este libro plantea cómo enfrentar esos desafíos, y creo que la clave radica en nuestra capacidad para hablar de lo que experimentamos entre nosotros, y hacerlo del modo más abierto y honesto posible.

Afortunadamente, hemos pasado un importante hito en este sentido. Daría la impresión de que hablamos de nuestras experiencias espirituales sin reparar en la timidez o en el miedo a la crítica. Todavía abundan los escépticos, pero el equilibrio de la opinión parece haberse modificado, de manera que la reacción instintiva de burla del pasado ya no es tan común. En una época tendíamos a ocultar nuestras experiencias sincrónicas y hasta las desdeñábamos por temor a ser objeto de burlas y de ridículo. Ahora, en apenas unos años, los platillos de la balanza se inclinaron en la otra dirección, y los que son mentalmente muy cerrados ven cuestionado su escepticismo.

La opinión pública está cambiando, creo, porque somos bastante numerosos los que tenemos conciencia de que ese escepticismo extremo no es nada más que un viejo hábito formado por siglos de adhesión a la visión newtoniano-cartesiana del mundo. Sir Isaac Newton fue un gran físico, pero, como afirman muchos pensadores actuales,[2] no captó el universo en su totalidad, y lo redujo a una máquina secular al describirlo como si funcionara sólo de acuerdo con leyes mecánicas inmutables. René Descartes, filósofo del siglo XVII, precedió a Newton popularizando la idea de que lo único que debemos conocer sobre el universo son sus leyes básicas, y que, si bien estas operaciones pueden haber sido puestas en movimiento por un creador, ahora funcionan por sí mismas.[3] Después de Newton y Descartes, toda afirmación en el sentido de que existiera una fuerza espiritual activa en el universo o de que esa experiencia espiritual superior fuera algo más que un delirio fue casi siempre rechazada de plano.

En este libro veremos que esta vieja cosmovisión mecanicista cayó en el descrédito ya en las primeras décadas del siglo XX, sobre todo a través de la influencia de Albert Einstein, los pioneros de la física del *quantum* y la investigación más reciente sobre la oración y la intencionalidad. Pero los prejuicios de la cosmovisión mecanicista permanecen en nuestro consciente, custodiados por un escepticismo extremo que sirve para mantener alejadas las percepciones espirituales más sutiles que pondrían en duda sus supuestos.

Es importante comprender cómo funciona esto. En la mayoría de los casos, para vivir una experiencia espiritual superior debemos estar por lo menos abiertos a la posibilidad de que dicha percepción exista. Ahora sabemos que, para poder experimentar los fenómenos espirituales, debemos suspender o "poner entre paréntesis" el escepticismo y tratar de abrirnos a ellos de todas las maneras posibles. Debemos "llamar a la puerta", como dicen las Escrituras, para llegar a detectar alguna de estas experiencias espirituales.

Si abordamos a la experiencia espiritual con una mente demasiado cerrada y dubitativa, no percibimos nada y con ello nos probamos, errónea y reiteradamente, que la experiencia espiritual más elevada es un mito. Durante siglos apartamos estas percepciones, no porque no fuesen reales, sino porque en ese entonces no queríamos que lo fueran, ya que no encajaban en nuestra visión secular del mundo.

Como veremos más adelante en detalle, esta actitud escéptica adquirió supremacía en el siglo XVII porque la cosmovisión medieval declinante que reemplazó estaba llena de teorías artificiales, de charlatanes delirantes, brujas, venta de salvación y todo tipo de locuras. En este contexto, la gente pensante anhelaba una descripción científica y establecida del universo físico que echara por tierra toda esa ridiculez. Queríamos ver a nuestro alrededor un mundo confiable y natural. Queríamos librarnos de la superstición y el mito y crear un mundo en el que pudiéramos desarrollar una seguridad económica, sin pensar que surgirían en la oscuridad cosas extrañas y curiosas para asustarnos. Debido a esta necesidad, de manera muy comprensible empezamos la era moderna con una visión del universo sumamente materialista y simplificada.

Decir que pecamos por exceso de celo es poco. La vida en los tiempos modernos empezó a estar desprovista de la inspiración que sólo puede aportar el sentido espiritual más elevado. Hasta nuestras instituciones religiosas se vieron afectadas. Los milagros de la mitología religiosa fueron reducidos con frecuencia a metáforas y las Iglesias pasaron a ocuparse más de la unión social, la enseñanza moral y la creencia espiritual que de la búsqueda de una verdadera experiencia espiritual.[4]

No obstante, con nuestra percepción de la sincronicidad y otras experiencias espirituales en el momento histórico actual, nos estamos conectando con una espiritualidad genuina que siempre fue un potencial. En cierto modo, esta conciencia ni siquiera es nueva. Es el mismo tipo de experiencia que algunos seres humanos tuvieron a lo largo de la historia, documentada por todo un tesoro de autores y artistas de todo el mundo, entre los cuales se cuentan Williams James, Carl Jung, Thoreau y Emerson, Aldous Huxley (que llamó a ese conocimiento "filosofía perenne") y, en décadas recientes, George Leonard, Michael Murphy, Fritjof Capra, Marilyn Ferguson y Larry Dossey.[5]

No obstante, el nivel en que estas experiencias ingresan actualmente en la conciencia humana no tiene precedente. Son tantas las personas que están teniendo experiencias personales espirituales, que estamos creando nada menos que una nueva cosmovisión que incluye y amplía al viejo materialismo y lo transforma en algo más avanzado.

El cambio social del que hablamos no es una revolución, en la que se destruyen y reconstruyen las estructuras de la sociedad cuando una ideología vence a la otra. Lo que está ocurriendo ahora es un cambio interior en el cual el individuo cambia primero y las instituciones de la cultura humana parecen más o menos iguales pero son rejuvenecidas y transformadas *in situ*, debido a la nueva perspectiva de quienes las mantienen.

Al producirse esta transformación, es posible que la mayoría de nosotros continuemos en la línea general de trabajo que siempre seguimos, en las familias que amamos y en las religiones específicas que nos parecen más verdaderas. Pero nuestra visión de cómo deberíamos vivir y experimentar el trabajo, la familia y la vida religiosa se transformará considerablemente al integrar las experiencias superiores que percibimos y actuar en base a ellas.

Mi observación —como dije antes— es que esta transformación de la conciencia está extendiéndose en la cultura humana por una especie de contagio social positivo. Una vez que un número suficiente de individuos empiece a vivir esta conciencia en forma abierta, a hablar de ella con libertad, otros verán esta conciencia modelada y enseguida se darán cuenta de que les permite vivir hacia fuera más de lo que ya saben intuitivamente en su interior. Después, estos otros empezarán a emular el nuevo enfoque, descubrirán a la larga esas mismas experiencias —y otras— para sí mismos, y pasarán a ser modelos por derecho propio.

Éste es el proceso de la evolución social y de producción de consenso en el que estamos todos comprometidos en estos últimos años del siglo XX. De esta manera estamos creando, creo, una forma de vida que en definitiva impulsará el siglo y el milenio. El propósito de este libro es analizar de manera más directa las experiencias que muchos compartimos, examinar la historia de nuestro despertar y mirar con atención los desafíos específicos que implica vivir todos los días esta forma de vida.

Espero que este trabajo confirme la realidad implícita en la información ilustrada en las dos primeras novelas de la serie de las Revelaciones y que, aunque diste de estar completo, ayude a esclarecer nuestra imagen de la nueva conciencia espiritual que ya está formándose.

J. R.
Verano de 1997

1
INTUICIONES INICIALES

Nuestra nueva conciencia espiritual empezó a aparecer, creo, a fines de la década de los 50, cuando, en la cima misma del materialismo moderno, algo muy profundo empezó a ocurrir en nuestra psique colectiva. Como si, parados sobre el pináculo de siglos de logro material, hubiéramos hecho una pausa para preguntarnos: "¿Y ahora qué?". Parecía haber una intuición masiva de que algo más era posible en la vida humana, que era posible alcanzar un sentido más amplio de realización del que nuestra cultura había sido capaz de articular y vivir.

Lo primero que hicimos con nuestra intuición fue, desde luego, mirarnos a nosotros mismos —o más bien mirar las intuiciones y los estilos de vida que veíamos en la cultura que nos rodeaba— con una suerte de crítica despiadada. Tal como fue claramente documentado, el clima emocional de la época era rígido y centrado en la idea de clase. A judíos, católicos y mujeres les costaba mucho alcanzar posiciones de liderazgo. Los negros y otras minorías étnicas eran excluidos por completo. Y el resto de la sociedad adinerada sufría un caso generalizado de categorización material.

Con el sentido de la vida reducido a la economía secular, el *status* se alcanzaba por el éxito que se mostraba, a partir de lo cual se inventó todo tipo de esfuerzos desopilantes por no ser menos que los demás. A casi todos nos inculcaron una orientación hacia el exterior terriblemente rígida que nos hacía juzgarnos a nosotros mismos siempre de acuerdo con lo que pudiera pensar la gente que nos rodeaba. Y anhelábamos una sociedad que pudiera liberar de alguna manera nuestro potencial.

La década de los 60

Por eso empezamos a pedirle más a nuestra cultura, lo cual desembocó en los numerosos movimientos reformadores que caracterizaron la década de los 60. Surgieron rápidamente muchas iniciativas legales que buscaban la igualdad racial y sexual, la protección del medio ambiente e incluso la oposición a la desastrosa guerra no declarada en Vietnam. Ahora podemos ver que, por debajo de la conmoción, la década de los 60 representó el primer punto de partida masiva —la primera "grieta en el huevo cósmico", como lo denominó Chilton Pearce— en la cosmovisión secular dominante.[1] La cultura occidental, y hasta cierto punto la cultura humana en general, empezaba a superar su orientación materialista para buscar un sentido filosófico más profundo en la vida.

Empezamos a sentir, en una escala mayor que nunca, que nuestras conciencia y experiencia no tenían por qué ser limitadas por la visión estrecha de la era materialista, que todos debían funcionar e interactuar en un nivel más elevado.

Sabíamos, en un nivel más profundo del que podíamos explicar, que de alguna manera podíamos escapar y ser más creativos y libres y estar más vivos como seres humanos.

Por desgracia, nuestras primeras acciones reflejaron los dramas competitivos de la época. Todos mirábamos a los demás y a las diferentes instituciones que nos irritaban y exigíamos que las estructuras sociales fueran reformadas. En esencia, mirábamos en derredor a nuestra sociedad y les decíamos a los otros: "Deberían cambiar". Si bien este activismo sin duda trajo aparejadas reformas legales básicas que resultaron útiles, mantuvo intactos los problemas más personales de inseguridad, miedo y ambición que siempre constituyeron el núcleo del prejuicio, la desigualdad y el daño ambiental.

La década de los 70

Para cuando llegaron los años 70, empezábamos a comprender este problema. Como veremos más adelante, la influencia de los psicólogos de las profundidades, el nuevo enfoque humanístico en la terapia y el creciente volumen de literatura de autoayuda en el mercado empezó a infiltrarse en la cultura.[2] Nos dimos cuenta de que les pedíamos a los otros que cambiaran pero pasábamos por alto los conflictos que teníamos adentro. Empezamos a ver que, si queríamos encontrar ese "más" que estábamos buscando, debíamos dejar de lado el comportamiento de los demás y mirar hacia adentro. Para cambiar el mundo, primero debíamos cambiar nosotros.

Casi de un día para otro, ir a ver a un terapeuta dejó de tener un estigma negativo y pasó a ser aceptable; se puso de moda analizar en forma activa nuestra psique. Descubrimos que una revisión de nuestra historia familiar temprana, como bien sabían los freudianos, creaba muchas veces una suerte de percepción o catarsis sobre las ansiedades y defensas individuales, y también cómo y cuándo esos complejos se originaban en nuestra infancia.

A través de ese proceso pudimos identificar las formas en que refrenábamos nuestra realización o nos reprimíamos. De inmediato nos dimos cuenta de que esta focalización interior, este análisis de nuestra historia personal, era útil e importante. No obstante, a la larga, seguíamos viendo que algo faltaba. Veíamos que podíamos analizar nuestra psicología interna durante años y que, no obstante, cada vez que estábamos en situaciones de mucho estrés e inseguridad volvían a presentarse los mismos viejos miedos, reacciones y exabruptos.

A fines de la década de los 70 nos dimos cuenta de que nuestra intuición del "más" no podía ser satisfecha sólo con terapia. Lo que intuíamos era una nueva conciencia, un nuevo sentido de nosotros mismos y un flujo de experiencia superior que reemplazaría los viejos hábitos y reacciones que nos afligían. La vida más plena que sentíamos no tenía que ver con el mero crecimiento psicológico. La nueva conciencia requería una transformación más profunda que sólo podía ser calificada de espiritual.

LAS DÉCADAS DE LOS 80 Y LOS 90

En los años 80, esta percepción nos hizo ir en tres direcciones. La primera estuvo marcada por una vuelta a las religiones tradicionales. Con una renovada chispa de compromiso muchos nos embarcamos en una nueva lectura de las Escrituras y de los rituales sagrados de nuestra herencia, buscando la respuesta a nuestra intuición en una consideración más profunda de los caminos espirituales convencionales.

El segundo rumbo fue una búsqueda espiritual más general y personal que nosotros mismos dirigimos, en la que procuramos un entendimiento más ajustado de los caminos espirituales más esotéricos que se habían encontrado a lo largo de la historia.

La tercera dirección fue una huida total del idealismo o la espiritualidad. Frustrados con la introspección de las décadas de los 60 y 70, muchos quisimos volver a capturar el materialismo aletargado de los años 50, cuando la sola vida económica parecía bastar. No obstante, este intento por transformar la gratificación económica en un sustituto de ese sentido de la vida más elevado que intuíamos desembocó tal vez simplemente en una presión interna de enriquecernos rápido. Ejemplos de los excesos que caracterizaron la década de los 80 fueron los escándalos de las empresas de ahorro y préstamo y la gran corrupción en el mercado de valores.

Siempre definí los años 80 como un retorno al Salvaje Oeste, en el que los tres impulsos —un intento de vuelta al materialismo y un renovado análisis de lo espiritual tanto viejo como nuevo— se agitaron y compitieron violentamente. Como vemos ahora retrospectivamente, fueron todos intentos de encontrar ese algo "más" que sentíamos a la vuelta de la esquina. Experimentábamos, fingíamos, competíamos por atraer la atención, con lo cual elevamos gran parte de lo que hacíamos al nivel de una moda superficial y, a la larga, nos sentimos decepcionados.

Con todo, creo que todo lo que pasó en la década de los 80 fue importante, en especial este primer interés masivo en distintos enfoques espirituales. Fue un paso necesario que nos dejó cansados de la publicidad inflada y el comercialismo y nos llevó a un nivel más profundo. En cierto modo fue una depuración que nos llevó a buscar una esencia verdadera y nos convenció al fin de que procurábamos un cambio más profundo en nuestras actitudes y nuestra forma de ser.

De hecho, creo que la intuición colectiva de la década de los 80 adquirió la forma de un mensaje básico: más allá de que analicemos la espiritualidad de nuestras religiones tradicionales o las experiencias descritas por los místicos de un camino más esotérico, hay una profunda diferencia entre conocer y debatir la percepción espiritual y experimentar realmente estas percepciones de un nivel personal.

A principios de la década de los 90, pues, estábamos en un lugar muy importante. Si nuestra intuición de los años 60 era acertada y era posible una experiencia de vida más plena, sabíamos con claridad que debíamos superar una consideración meramente intelectual y encontrar la experiencia real. Como consecuencia de ello, la publicidad inflada y la moda desaparecieron, pero la búsqueda de la experiencia real no. Por eso nuestra apertura a la espiritualidad alcanzó ahora un nuevo nivel de autenticidad y discusión.

LA BÚSQUEDA DE LO REAL

Dentro de este marco se publicaron *La Novena Revelación, La Décima Revelación* y toda una serie de libros que abordaban el tema de la percepción espiritual real. Libros que fueron leídos por millones de personas en todo el mundo y que llegaron a la corriente dominante precisamente porque intentaban describir nuestros anhelos espirituales en términos reales, señalando experiencias que de veras podían vivirse.

En la década de los 60, el idealismo predominante de la época me llevó hacia una carrera en la que trabajaba con adolescentes con problemas emocionales y sus respectivas familias, primero como asistente social y luego como administrador. Mirando para atrás, veo una profunda relación entre esas experiencias laborales y la posterior creación de la *Revelación*. A través del trabajo con esos jóvenes, que en todos los casos habían experimentado un grave maltrato en su infancia, empecé a tener un panorama más amplio de lo que debían superar. Para reparar lo que les había pasado, debían embarcarse en un viaje particular que en cierto modo debía incluir lo trascendente.

La angustia del abuso en los primeros años de vida crea en los niños una marcada necesidad de controlar la existencia. Modelan dramas, a veces graves y autodestructivos, para darse un sentido y por ende reducir su angustia. Romper el esquema de esos dramas puede resultar sumamente difícil, pero los terapeutas lo lograron, facilitando la percepción de los momentos pico de éxito con ejercicios atléticos, interacciones grupales, meditación y otras actividades. Estas actividades apuntan a promover la experiencia de un yo superior que reemplace la vieja identidad y su esquema de reacción concomitante.

Hasta cierto punto, cada uno de nosotros se ve afectado de una u otra manera por el mismo tipo de angustia que experimentan los chicos maltratados. Por fortuna, en la mayoría de los casos esta angustia es de un grado inferior y nuestros esquemas de reacción no son tan extremos, pero el proceso, el nivel de crecimiento que implica, es exactamente el mismo. Esta toma de conciencia a partir de lo que vi en mi trabajo aclaró en mi mente lo que parecía estar viviendo toda la cultura. Sabíamos que la vida, como de costumbre, parecía estar perdiéndose algo a lo que se podía llegar a través de una experiencia transformadora interior, un cambio real en la forma en que nos percibíamos nosotros mismos y nuestra vida susceptible de producir una identidad personal más elevada y más espiritual. El esfuerzo por describir esta trayectoria psicológica fue la base de *La Novena Revelación.*

LA REVELACIÓN

El período en que escribí *La Novena Revelación* se extendió de enero de 1989 a abril de 1991 y se caracterizó por una suerte de proceso de ensayo y error. Curiosamente, mientras recordaba experiencias anteriores y escribía sobre ellas, entrelazándolas en un relato de aventura, ocurrían coincidencias asombrosas que enfatizaban los argumentos específicos que quería plantear. Aparecían libros en forma misteriosa, o tenía encuentros oportunos con la clase exacta de individuos que trataba de describir. A veces se me acercaban extraños sin un motivo evidente y me hablaban de sus experiencias espirituales. Obligado a darles el manuscrito, descubrí que sus reacciones siempre señalaban la necesidad de una revisión o una ampliación.

La señal de que el libro estaba casi terminado se produjo cuando muchas de esas personas empezaron a pedirme copias del manuscrito para sus amigos. Mi primera búsqueda de editor no tuvo éxito y chocó contra el primero de los que ahora califico muros de ladrillos. Todas las coincidencias se interrumpieron y me sentí paralizado. En ese momento, empecé al fin a aplicar lo que considero como una de las verdades más importantes de la nueva conciencia. Fue una actitud que conocía y que había experimentado antes pero que todavía no estaba lo bastante integrada a mi consciente para recurrir a ella en una situación estresante.

Yo interpretaba la falta total de oportunidades de edición como un fracaso, un hecho negativo, y ésa era la interpretación que frenaba las coincidencias que hasta ese momento sentía que me habían hecho avanzar. Cuando me di cuenta de lo que pasaba, de golpe presté atención e hice más correcciones en el libro enfatizando este punto. Y en mi propia vida, supe que debía tratar este avance como cualquier otro hecho. ¿Qué sentido tenía? ¿Dónde estaba el mensaje?

A los pocos días, una amiga me contó que había conocido a un individuo que acababa de mudarse a nuestra zona proveniente de Nueva York, donde había trabajado en una editorial durante muchos años. De inmediato vi en mi mente una imagen de mí mismo yendo a verlo, y la intuición contenía una profunda sensación de inspiración. Al día siguiente fui a verlo y las coincidencias se reanudaron. Quería trabajar con individuos que proyectaran publicar personalmente, me dijo, y ya que mi manuscrito estaba obteniendo una cantidad considerable de referencias boca a boca, le parecía que ese enfoque podía tener éxito.

Al poco tiempo ya estábamos listos para imprimir y yo había conocido a Salle Merrill, quien me aportó una perspectiva femenina sensible y un énfasis oportuno en la importancia de dar. De los primeros tres mil ejemplares del libro que imprimimos, enviamos por correo o entregamos en forma personal mil quinientos a librerías pequeñas y a individuos de Alabama, Florida, North Carolina y Virginia. Las recomendaciones boca a boca de los primeros lectores se encargaron de todo lo demás.

En seis meses, el libro tenía más de 100.000 ejemplares en impresión, circulaba por los cincuenta estados y se publicaba en países de todo el mundo. Se vendieron tantos ejemplares tan rápido por la publicidad que yo hice sino porque otros empezaron a regalárselo a amigos de todas partes.

IR EN POS DE NUESTROS SUEÑOS

Menciono esta historia para ilustrar que nuestra nueva conciencia espiritual tiene que ver con la concreción de nuestros sueños, una experiencia que siempre estuvo en el centro del esfuerzo humano en todas partes. El universo parece en verdad estar armado como una plataforma para la cristalización de nuestras aspiraciones más íntimas y profundas. Es un sistema dinámico impulsado por nada menos que el flujo constante de pequeños milagros. Pero hay una trampa: el universo está armado para responder a nuestra conciencia, pero nos devolverá sólo el nivel de calidad que pusimos en ella. Por lo tanto, el proceso de descubrir quiénes somos y para qué estamos aquí y de aprender a seguir las coincidencias misteriosas que pueden guiarnos depende, en gran medida, de nuestra capacidad para ser positivos y encontrar una perspectiva consoladora en todos los hechos.

Vivir la nueva conciencia espiritual implica atravesar una serie de pasos o revelaciones. Cada paso amplía nuestra perspectiva. Pero cada paso presenta asimismo su propia serie de desafíos. No basta simplemente con echar un vistazo a cada nivel de conciencia expandida. Debemos tener la intención de vivirlo, de integrar cada grado aumentado de conciencia a nuestra rutina diaria. Basta una sola interpretación negativa para frenarlo todo.

En las páginas que siguen analizaremos esos pasos no sólo en términos de experiencia interior sino desde la perspectiva de sostenerlos firmemente en nuestras vidas y llevarlos a una práctica efectiva.

2
EXPERIMENTAR LAS COINCIDENCIAS

Las coincidencias significativas pueden producirse en cualquier momento. Nuestro día puede ir transcurriendo cuando, en apariencia sin aviso previo, un hecho extraño atrae nuestra atención. Podemos pensar en un viejo amigo que no se nos cruzó por la mente durante años; más tarde, cuando ya lo olvidamos por completo, al día siguiente nos encontramos con esa persona. Del mismo modo, podemos ver en el trabajo a un individuo que nos gustaría conocer y ese mismo día encontrar a la mismísima persona sentada frente a nosotros en un restaurante.

Las coincidencias pueden implicar la llegada oportuna de una información especial que queremos pero no tenemos idea de cómo conseguir o la repentina toma de conciencia de que nuestra experiencia con un *hobby* o interés anterior era una preparación para llevarnos a una nueva oportunidad o un nuevo trabajo. Más allá de los detalles de una coincidencia en particular, sentimos que es muy poco probable que haya sido producto de la suerte o una mera casualidad. Cuando una coincidencia atrae nuestra atención, nos quedamos asombrados ante el hecho, aunque sea nada más que un instante. En algún nivel, sentimos que esos hechos estaban destinados de alguna manera a ocurrir, que debían ocurrir en el momento en que ocurrieron para orientar nuestras vidas en una dirección nueva y más inspiradora.

Abraham Lincoln escribió sobre una coincidencia de ese tipo ocurrida en su juventud. En ese entonces, Lincoln pensaba que debía hacer algo más con su vida que ser granjero o artesano como los demás habitantes de su comunidad de Illinois. Un día encontró a un mercachifle que obviamente estaba pasando épocas difíciles y que le pidió a Lincoln que comprara un viejo barril de artículos, en su mayoría sin valor, por un dólar. Lincoln podría haber dejado pasar al comerciante quebrado, pero le dio el dinero y guardó los artículos. Más tarde, cuando limpió el barril, Lincoln encontró entre las latas y los utensilios viejos una serie completa de libros de derecho, con los cuales estudió para ser abogado y siguió adelante para cumplir su asombroso destino.[1]

El psicólogo suizo Carl Jung fue el primer pensador moderno que definió este misterioso fenómeno. Lo llamó "sincronicidad", la percepción de una coincidencia significativa. Jung sostenía que la sincronicidad era un principio no-causal en el universo, una ley que funcionaba para llevar a los seres humanos hacia un mayor desarrollo de la conciencia.[2]

Jung presenció un ejemplo directo de sincronicidad durante una de sus sesiones de terapia. Su paciente era una mujer particularmente correcta que tenía problemas con su comportamiento obsesivo. Jung estaba analizando sus sueños, con la esperanza de poder ayudarla a ponerse en contacto con el lado luminoso, divertido e intuitivo de su naturaleza. Sus sueños más recientes presentaban una interacción con un escarabajo, pero ella se resistía categóricamente a cualquier intento de interpretación. Justo en ese momento, Jung oyó un golpeteo extraño en la ventana y cuando corrió las cortinas, en la parte exterior de la ventana había un escarabajo, insecto raro en esa zona. Según Jung, el episodio inspiró tanto a la mujer que pudo realizar grandes progresos en su tratamiento.[3]

Es casi imposible que al mirar hacia atrás no veamos un esquema de sincronicidad en los hechos misteriosos que pasaron para hacernos llegar a nuestra carrera actual, nuestro cónyuge o la red de amigos y alianzas en las que confiamos. Mucho más difícil es la percepción de esos hechos tan importantes en la vida en el presente, cuando ocurren. Las coincidencias pueden ser impactantes, como hemos visto. Pero también pueden ser muy sutiles y fugaces y por lo tanto fácilmente pasadas por alto —tal como nos lo indicaba la vieja visión materialista— como si fueran obra del azar o simple casualidad.

Nuestro desafío personal consiste en superar el condicionamiento cultural que nos lleva a reducir la vida a lo ordinario, al lugar común y a lo carente de misterio. La mayoría de nosotros hemos aprendido a ir por la vida sólo con nuestro ego, a despertarnos a la mañana y pensar que debemos tener un control total sobre nuestro día. Creamos listas mentales inflexibles de proyectos que pensamos llevar a cabo y perseguimos esos fines con una especie de visión de túnel. Sin embargo, el misterio sigue estando, bailando en las orillas de nuestra vida, dándonos visiones fugaces de posibilidades. Debemos tomar la decisión de desacelerarnos y modificar nuestro punto de atención, y empezar a actuar de acuerdo con las oportunidades que se presentan en nuestro camino.

Sueños nocturnos

De todas las experiencias de sincronicidad que podemos tener, los sueños nocturnos son quizá los más nebulosos y difíciles de interpretar. No obstante, nuestra cultura siempre sintió fascinación por estos encuentros en la noche. Constituyen materia de la mitología y la profecía, y en algún nivel sabemos que son importantes para nuestras vidas. Pero, ¿de qué manera?

En general, los sueños son historias, aunque muchas veces adquieren la forma de argumentos sin sentido y personajes extraños que unen a personas y escenas de maneras que no podrían darse en la vida real. Por esa razón, la mayoría perdemos enseguida el interés en tratar de interpretarlos. Las imágenes son demasiado difíciles; de ahí que pasemos por alto las escenas como si fueran casi inútiles y sigamos con nuestro día.

Sin embargo, los expertos que trabajan con sueños nos advertirían que no nos diéramos por vencidos tan pronto.[4] Ellos nos dicen que los sueños tienen significados importantes ocultos en su simbolismo. Una lectura atenta de los numerosos libros sobre sueños puede dar un panorama del simbolismo onírico, es decir, de los significados mitológicos o arquetípicos que pueden asignarse a los distintos elementos de los sueños, desde animales hasta actos de asesinato, huida o robo.

Sin embargo, creo que la clave para descubrir la sincronicidad de los sueños radica, en definitiva, en ir más allá de la interpretación convencional de estos símbolos y concentrarse en el cuadro de situación más amplio: el significado que rodea el argumento y los personajes del sueño. Allí podemos encontrar mensajes de una naturaleza más personal que corresponden a menudo directamente a situaciones específicas que enfrentamos en la vida.

Por ejemplo, si soñamos que estamos en una guerra de algún tipo, que huimos de la batalla y luego, al desarrollarse el sueño, descubrimos alguna manera no sólo de sobrevivir sino de ayudar a terminar la lucha, este tema puede aplicarse a la situación en nuestra vida real. Es obvio que no estamos de veras en una guerra, pero ¿qué pasa con otro tipo de conflictos que la guerra puede estar simbolizando en nuestra vida? ¿Estamos huyendo? ¿O evitamos el enfrentamiento ocultándonos, negando o distrayéndonos en otras cosas con la esperanza de que el problema desaparezca?

La clave para comprender el mensaje del sueño está en comparar su argumento básico —en este caso huir de la guerra (conflicto) encontrando no obstante una posterior solución— con la situación real en nuestro mundo individual. Tal vez el sueño nos esté diciendo que nos despertemos y veamos el conflicto y que sepamos que, si prestamos atención, es posible encontrar una potencial solución.

¿Y qué pasa con los personajes del sueño? Aunque los personajes puedan parecer extraños, debemos preguntarnos de qué manera podrían simbolizar a personas reales con las que tenemos actualmente intercambios importantes. ¿Vemos a las personas en nuestra vida tal como son? Tal vez el sueño nos esté diciendo algo sobre quiénes son en realidad esas personas, para bien o para mal.

¿Pero qué pasa si analizamos el argumento y los personajes del sueño y no descubrimos ninguna conexión con nuestra situación? ¿Qué hacemos? En ese caso, es importante escribir el sueño en un diario, porque puede ser profético. Es fácil pensar que son proféticos sólo los sueños con resultados espectaculares que tengan que ver con evitar accidentes de aviones o heredar una fortuna de un pariente olvidado. Pero, en realidad, los sueños que se centran en problemas cotidianos más pequeños también pueden ser proféticos. A menudo, la razón por la que los sueños parecen disparatados y tontos es que la situación que describen todavía no ocurrió en nuestras vidas. En vez de pasarlos por alto, haríamos mejor en conservarlos en la mente. Podrían resultar muy instructivos posteriormente.

VER A UN VIEJO AMIGO O PENSAR EN ÉL

La sincronicidad de ver a un viejo amigo o pensar en él es en general más directa. Si comienza con un pensamiento, la imagen suele surgir en nuestra mente sin ninguna asociación con otro hecho. Es posible que hasta pensemos cuánto tiempo hace que no evocamos a esa persona o hablamos con ella. Con frecuencia esto ocurre a la mañana temprano, en ese instante silencioso que transcurre cuando dejamos de estar dormidos y despertamos.

Por desgracia, nuestro hábito cultural nos hace detenernos sólo ese tiempo en esas imágenes y luego dejarlas de lado para seguir adelante con nuestro día. Esta tendencia puede llevarnos a perder el significado más amplio del recuerdo. Pero si prestamos mucha atención a esos pensamientos, es posible que también empiecen a ocurrir otros hechos sincrónicos. Podemos estar buscando algo y dar con un segundo elemento que nos haga evocar a la persona en la cual pensamos, quizás una vieja foto o una carta que hace alusión a más recuerdos de hechos compartidos con esa persona. Al reflexionar, podríamos descubrir incluso que esas mismas circunstancias están dándose de nuevo en nuestra vida actual.

Por supuesto, podrían también producirse otros hechos sincrónicos. Es posible que caminemos por una calle y justo levantemos la vista para ver a esa persona caminando hacia nosotros. O podríamos atender el teléfono y descubrir a la otra persona en el otro extremo de la línea.

Nuestro desafío consiste en hacer un seguimiento de esas coincidencias. Si no podemos hablar con nuestro viejo amigo al instante, podemos fijar una cita posterior para almorzar o tomar un café. Siempre hay información importante para compartir. Si no sobre viejas situaciones que necesitan ser analizadas o aclaradas, será sobre algo nuevo que nosotros o nuestros viejos amigos descubrieron y que debemos comunicarnos. La clave es buscar el misterio, mirar debajo de la superficie y analizar.

A veces, después de pensar espontáneamente en alguien, nos convendrá tomar la iniciativa y llamarlo o llamarla de inmediato. En ocasiones tuve la experiencia de disponerme a tomar el teléfono para llamar a un viejo amigo y que justo sonara porque él me estaba llamando. Una vez más, la clave es hablar sobre lo que está pasando con la otra persona y con nosotros mismos, describir nuestra situación específica de vida en el momento y buscar el mensaje instructivo que explique la razón por la cual se produjo la coincidencia.

Encuentros casuales

Otro tipo de sincronicidad es el encuentro puramente casual, que puede involucrar a amigos, conocidos o absolutos extraños. En el caso de alguien a quien conocemos, veremos que nos encontramos con esa persona de una manera que va más allá de lo que podríamos suponer como pura casualidad.

Un ejemplo de ese tipo lo da el encontrarse con un viejo amigo en un momento crítico. Deepak Chopra, defensor de primera línea de la nueva medicina mente/cuerpo, habla de una serie de experiencias que lo llevaron a considerar por primera vez enfoques médicos alternativos. Hasta ese momento había practicado la medicina como un médico occidental tradicional y ocupaba cargos de prestigio en Harvard y otras universidades como profesor de inmunología.

Luego su vida empezó a cambiar. Durante un viaje para dar una conferencia, lo invitaron a visitar a un líder oriental de meditación, quien le sugirió que estudiara medicina ayurvédica, un enfoque oriental que se centra en la prevención de la enfermedad. Deepak rechazó la idea pues no quería tener nada que ver con ningún enfoque que sonara místico.

Después del encuentro se dirigió hacia el aeropuerto, donde, para su gran sorpresa, se encontró con un viejo amigo de la facultad. Durante la charla que mantuvieron, este amigo sacó un ejemplar del texto básico de la medicina ayurvédica y le dijo que estaba seguro de que le resultaría interesante. Abrumado por la coincidencia, Deepak leyó el libro, reconoció que promover ese enfoque médico era su destino y continuó su carrera popularizando la medicina alternativa en todo el mundo.[5]

Otra sincronicidad de este tipo se produce cuando vemos de manera reiterada a alguien que no conocemos en un breve período. Hay enormes probabilidades de que esos casos no se produzcan, y sin embargo ocurren con suma frecuencia. Vemos a una persona una vez y normalmente no pensamos nada. Pero cuando vemos al mismo individuo de nuevo, o incluso una tercera vez el mismo día, la coincidencia en general atrae nuestra atención. Por desgracia, muchas veces notamos el hecho, lo consideramos curioso y seguimos nuestro camino sin actuar.

Nuevamente, el desafío consiste en encontrar una forma de entablar una conversación con ese individuo. Ya resulta difícil cuando conocemos a la persona, mucho más cuando se trata de un extraño. En primer lugar, se plantea el problema de la postura defensiva que la mayoría asumimos frente a los extraños. En las culturas occidentales, el contacto visual y el iniciar una conversación en muchos casos fueron tenidos por una invasión a la privacidad o incluso un avance sexual. Es una suposición poco feliz en nuestra sociedad, por ejemplo, que, si una mujer establece un contacto visual con un hombre, le envía una señal de que está abierta a sus avances sexuales. Esto crea todo tipo de confusiones: las mujeres que desvían la mirada cuando van por la calle por temor a que un hombre agresivo saque conclusiones, o los hombres que, sensibles al problema, ni siquiera tratan de establecer un contacto visual directo con las mujeres por temor a ser tildados de agresivos.

Si bien esto sigue constituyendo un problema, nuestras intuiciones, por suerte, en general no nos abandonan en este sentido. Si prestamos atención y aprendemos a percibir el flujo de energía, sabremos a quién debemos abrirnos y de quién debemos apartarnos. Tan importante como esto es analizar en forma consciente qué pasa con nuestra energía sexual, si es oportuna o no.

Creo que estamos descubriendo que actuar de una manera intencionalmente amigable es lo que mejor resulta. Podemos decir algo específico como: "¿No nos hemos visto antes?" y seguir con la descripción de nuestra situación de vida específica. Si estamos en un negocio, podemos decir: "Vine a comprar ropa para una fiesta que tengo". Con suerte, la otra persona responderá diciendo por qué se encuentra en ese local, y encontraremos un tema de vida común. Recuerde que el objetivo es discernir la razón de la sincronicidad.

Parecería que las personas mayores se hallan en una situación mucho mejor en cuanto a este tipo de conversación espontánea, pero todos podemos romper con esa sensación de torpeza si nuestra intención es muy sincera. Sea como fuere, lo único que podemos hacer es intentarlo, y si nos rechazan, tomarlo con buen humor. Como me dijo un día mi abuelo: "El secreto de la vida está en aprender a hacer el ridículo con gracia. Obviamente, siempre deberíamos tomar precauciones al conocer a extraños (reunirnos sólo en lugares públicos hasta conocernos mejor, por ejemplo). Pero si procedemos como corresponde, las recompensas pueden ser un flujo de sincronicidad más rico.

INFORMACIÓN QUE LLEGA EN EL MOMENTO JUSTO

Otro hecho sincrónico importante es la experiencia de recibir en el momento indicado una información que necesitamos. Esta experiencia comienza a veces con una repentina sensación de expectativa aumentada. Podemos estar en cualquier parte, en una situación de trabajo o de ocio, cuando empezamos a sentir que algo importante está por ocurrir. Al analizarlo más tarde, de vez en cuando percibimos cierta levedad en nuestro cuerpo o una sensación de que todo lo que nos rodea se vuelve más luminoso y liviano. Algo nos dice que nuestra vida está a punto de tomar un rumbo importante.

Cómo llega la información es siempre un misterio. En general, nos llega a través de otro ser humano, ya sea en sus palabras o por medio de sus acciones. También puede venir en un libro, una revista o una noticia. Pero siempre es la perspectiva, la investigación o la idea de un ser humano sobre el mundo que nos llega justo en el momento indicado para ampliar nuestra conciencia.

Nuestra sensación de que la información nos está llegando quizá derive de que hemos integrado todos los pasos de crecimiento necesarios para establecer nuestra aptitud al siguiente capítulo en la historia de nuestra vida. Tuve una experiencia de este tipo referida a mi comprensión de las luchas humanas de poder. Hasta ese momento, entendía con claridad que los seres humanos competían entre sí de maneras irracionales, pero sabía que las luchas de poder podían llegar a comprenderse mejor. En cierto momento tuve la intuición de que estaba a punto de dar un paso en ese sentido.

Durante un tiempo no pasó nada. Entonces, un día iba manejando y me di cuenta de que una librería en especial me había llamado la atención. Entré y empecé a recorrerla. Sentía que aumentaba mi expectativa. En ese preciso instante, por lo menos a dos metros de donde estaba, vi un libro. Aun a esa distancia, el color y el diseño gráfico se destacaban de entre todos los demás libros apilados alrededor. Me acerqué con rapidez para encontrar *Escape from Evil,* de Ernest Becker, un texto que aborda la forma en que los seres humanos tienden a fortalecerse a expensas de los otros para sentirse más a salvo y adquirir un mayor sentido de autoestima y bienestar.[6] Ése fue el paso clave que me faltaba en mi comprensión de las luchas de poder.

En suma, las claves más importantes para aprender a aprovechar las distintas sincronicidades de nuestras vidas son estar atentos y tomarnos el tiempo necesario para analizar lo que está pasando. Para hacerlo, cada uno de nosotros debe crear en su vida una cantidad suficiente de lo que llamo tiempo de deriva: tiempo en el que no hacemos nada más que dar vueltas, pasar canales de televisión, echar un vistazo al diario o caminar por la calle atentos al mundo que nos rodea. Si piensa en un amigo, pase a verlo y vea qué sucede. La Internet también es una fuente interesante de información en este sentido. Debemos tener presente, no obstante, que cualquiera puede poner cosas en la Internet. No hay correctores ni nadie que verifique la exactitud de los hechos y ningún editor es responsable del contenido.

LA RELACIÓN DE LA SINCRONICIDAD CON NUESTRAS CREENCIAS RELIGIOSAS

Para algunos, relacionar la percepción actual de la sincronicidad con sus creencias religiosas es un problema. Sin embargo, creo que en la mayoría de los casos no hay conflicto. Al empezar a percibir las coincidencias en nuestra vida, el misterio nos pone frente a frente con las cuestiones espirituales más profundas de la vida. ¿Qué es esta fuerza que parece arrastrarnos hacia nuestro destino? ¿Nuestra vida tiene un propósito divino? ¿Cómo se nos revela ese propósito, exactamente?

La mayoría crecemos por lo menos con una idea de tradición religiosa. Si no estamos comprometidos en forma personal con una perspectiva religiosa, tenemos amigos allegados o parientes que sí, y que creen profundamente en los principios de su fe. Yo creo que la mayoría de los que están comprometidos de esta forma con una religión particular actúan siguiendo un impulso interior honesto tendiente a mantener vivas sus contribuciones únicas al mundo. Este impulso común garantiza a la sociedad humana más amplia una gran diversidad de creencias religiosas a través de las cuales podemos analizar muchas opciones y de esa forma crecer. En mi opinión, cada perspectiva religiosa positiva contiene una parte importante de verdad. El diálogo general entre las distintas religiones, pese a ser vago y fragmentado, es no obstante fundamental para nuestra evolución actual hacia una mejor comprensión espiritual general.

Nuestra percepción de la sincronicidad no indica por sí misma que una tradición religiosa sea más ventajosa que otra. La sincronicidad, al igual que la nueva conciencia espiritual general que estamos construyendo, es apenas la concientización de la forma en que lo divino obra en nuestras vidas. Todas las grandes religiones —hinduista, budista, judía, cristiana, islámica—, al igual que muchas tradiciones chamánicas, comparten la idea de responder a la voluntad de Dios. Dicho de otro modo, a todas les preocupa nuestro crecimiento hacia la unidad con una deidad o entrar en comunión con la fuerza creativa implícita en la condición humana. Nuestra nueva conciencia de la sincronicidad es sólo la percepción o la experiencia de nuestra conexión con esta fuerza divina.

Recuerdo haberme planteado esta cuestión de hacer la voluntad de Dios cuando era chico en una iglesia rural protestante. Aun entonces, en mi mente no había duda de que esa Iglesia particular y la comunidad circundante eran especiales. El apoyo de la comunidad y la interacción afectuosa llevaban a ayudar en los trabajos y a responder con rapidez a la enfermedad en la familia de algún miembro. El cristianismo protestante que practicaban los miembros era asombrosamente abierto y carente de prejuicios para la época.

Para la teología de esta Iglesia en particular era esencial la experiencia de la conversión, la aceptación del cristianismo. Pero el supuesto implícito era que después cada uno debía descubrir y luego seguir la voluntad de Dios para su propia vida. De chico, me sentía frustrado porque nadie hablaba a fondo de cómo se podía encontrar y seguir la voluntad de Dios. Por supuesto, era una época en la que la sociedad se hallaba en la cima de su actitud secular y materialista. No obstante, yo estaba lleno de interrogantes: ¿Cuál es la naturaleza de este Dios con el cual debemos comulgar? ¿Cómo se experimenta la presencia divina? ¿Cómo es realmente estar en armonía con la intención divina? Los otros miembros de la iglesia no tenían respuestas a estas preguntas. Pero su expresión me hacía ver que las sabían, aunque no tenían palabras para expresarlas.

Pienso que parte de nuestra nueva conciencia ahora es responder más preguntas de éstas en forma consciente. Durante siglos, hombres de la Iglesia medieval corruptos usaron el miedo y la ignorancia para cobrar dinero por bendiciones y salvación, desalentando todo tipo de percepción espiritual avanzada de parte de su feligresía. Y algunos hacen lo mismo en la actualidad. Pero, en líneas generales, creo que nos estamos dando cuenta colectivamente de la importancia de una conciencia espiritual compartida y de la discusión. Dentro de las religiones organizadas, cada vez somos más los que tomamos conciencia de que nuestra percepción de la sincronicidad representa una extensión y una clarificación de lo mejor de nuestras tradiciones religiosas. Esta percepción es prueba directa de una fuerza divina activa en nuestras vidas, una fuerza divina que nuestra intuición y nuestra fe siempre nos dijeron que existía.

LA RESPUESTA AL ESCEPTICISMO

Tal vez el mayor desafío para los que empezamos a vivir la nueva conciencia espiritual sea relacionarnos con los escépticos. Una vez que nos abrimos a la realidad de la sincronicidad, a todos nos pasa a veces que hablamos con alguien que reacciona de manera negativa a nuestras creencias y cuestiona directamente la validez de nuestras experiencias. Si bien el número de escépticos disminuye, todavía hay montones de seguidores de la vieja cosmovisión materialista para los cuales las conversaciones sobre lo místico son ridículas e infundadas. Estas discusiones amenazan sus creencias lógicas sobre lo que es real y racional en el mundo natural.

Los escépticos que encontramos se dividen en dos grandes categorías. El grupo más amplio es el de los que adoptan una posición escéptica no porque hayan investigado en forma exhaustiva la amplia gama de encuentros místicos sobre los cuales oyen hablar, sino porque no lo han hecho. No tienen el tiempo o la voluntad para analizar esas experiencias, y entonces adoptan la postura que les resulta más segura sobre el tema: calificarlo de absurdo. En general, estos escépticos viven y trabajan entre muchas personas que dudan, que critican cualquier creación o afirmación nueva y que usan el ridículo como medio para adquirir poder personal sobre los demás. En ese tipo de ambiente, la mayoría de las personas adopta una posición estrictamente convencional para evitar el conflicto.

El otro tipo de escéptico que encontramos es el verdadero seguidor del materialismo científico. Ésta es una persona que puede llegar a investigar hasta cierto punto el terreno de la experiencia mística pero que siempre retorna a las barricadas del materialismo, exigiendo una prueba objetiva de dichas afirmaciones. Los argumentos que indican que las experiencias místicas han tenido carácter coherente durante largos períodos de la historia o que miles de personas sin ninguna relación entre sí señalan lo mismo o que los estudios estadísticos han mostrado reiteradas veces que la capacidad intuitiva y psíquica es un hecho natural, todo cae en oídos sordos.

Varios enfoques han demostrado ser eficaces para enfrentar a los escépticos. En primer lugar, debemos recordar que un grado de escepticismo es, de hecho, importante. No hay que tomar una idea de moda al pie de la letra y todos debemos contemplar con ojo crítico cualquier afirmación sobre la naturaleza de la realidad.

Sin embargo, no debemos olvidar que este principio tiene un corolario igualmente importante que a menudo se olvida: mantener la mente lo bastante abierta para considerar el fenómeno en cuestión. Mantener este equilibrio entre escepticismo y apertura resulta en especial difícil cuando el fenómeno involucra nuestra psicología o espiritualidad interior.

Hay otros dos puntos importantes para mantener las conversaciones en un tono amistoso y avanzar hacia áreas de coincidencia. Me atrevería a decir que casi todos los que ahora experimentan percepciones de naturaleza espiritual o mística fueron escépticos extremos en algún momento. En este sentido, todos somos ex escépticos, y tal vez sea importante que recordemos una vez más que el proceso de apertura al lado místico de la vida está produciéndose sobre todo a través de la interacción personal; vemos a otro que toma seriamente la idea de la experiencia espiritual y entonces decidimos investigar la cuestión nosotros también.

Por eso debemos tomar en serio cada conversación. Nuestra comunicación franca puede llegar a ser el testimonio que haga ceder la posición afianzada de otra persona. Y ¿sabe una cosa? También puede ocurrir lo contrario: es posible que el escéptico con el que hablamos tenga razón en determinado tema. Los que analizamos los potenciales de la experiencia humana no estamos haciendo nada si no estamos comprometidos con un proceso bilateral de desarrollo de consenso. Todos debemos escuchar para aprender. Lo que asegura un punto de vista debatido con amplitud y mantiene nuestra perspectiva amplia es el diálogo abierto.

TOMAR EN SERIO LA SINCRONICIDAD

Vislumbrar las coincidencias, entonces, y empezar un diálogo abierto sobre ellas sin caer en interpretaciones negativas constituyen los primeros pasos para vivir nuestra nueva conciencia espiritual. Sin embargo, enseguida aparecen nuevos interrogantes. Si la sincronicidad que percibimos es prueba de que en nuestra vida actúa una fuerza espiritual, ¿por qué en la cultura occidental ignoramos estos hechos misteriosos durante tanto tiempo? ¿Y por qué la conciencia de la sincronicidad está saliendo a la superficie ahora, en esta época? ¿Cuál es el panorama histórico más amplio de lo que nos está pasando?

Éstas son las preguntas que nos llevan al siguiente nivel de conciencia.

3

COMPRENDER DÓNDE ESTAMOS

Cuando nos levantamos a la mañana y miramos por la ventana vemos el mundo moderno que empieza a despertarse para vivir el día. Los vecinos salen de su casa y van a trabajar en su auto. En lo alto podemos llegar a oír el zumbido de un avión. Un camión de reparto lleno de artículos producidos en masa se dirige al enorme negocio de la esquina.

Para algunos el largo recorrido de historia que termina en este momento de observación es simplemente una letanía de progreso económico y tecnológico. Sin embargo, para un número día a día mayor de personas la historia está pasando a ser una cuestión más psicológica. ¿Cómo es que llegamos a vivir así? ¿De qué manera los que nos precedieron configuraron y conformaron nuestra realidad cotidiana? ¿Por qué creemos lo que creemos?

La historia es, desde luego, el contexto más amplio de nuestra vida individual. Sin ella vivimos sólo en la realidad superficial y provinciana que heredamos de niños. Una comprensión precisa de la historia otorga profundidad y sustancia a nuestra conciencia. Rodea todo lo que vemos como una estructura de pensamiento que nos dice quiénes somos y nos da un punto de referencia respecto del lugar al que pretendemos dirigirnos.

Reemplazar la cosmología medieval

La historia de nuestra forma en gran medida occidental de ver el mundo comenzó hace por lo menos quinientos años con el colapso de la cosmovisión medieval. Como es bien sabido, este viejo mundo fue definido y mantenido por la autoridad central de la Iglesia cristiana primitiva. Por supuesto, la Iglesia fue en gran medida responsable de rescatar la civilización occidental de la desintegración total después de la caída de Roma, pero al hacerlo, los hombres de la Iglesia guardaron un gran poder para sí mismos definiendo los propósitos de la vida en la cristiandad durante un milenio en base a sus interpretaciones de la Biblia.

Cuesta imaginar lo poco que sabíamos los seres humanos en la Edad Media sobre los procesos físicos de la naturaleza. Teníamos un conocimiento muy escaso acerca de los órganos del cuerpo o la biología del crecimiento de las plantas. Se creía que las tormentas eléctricas provenían de dioses enojados o de los designios de espíritus malvados. La naturaleza y la vida humana estaban afianzadas en términos estrictamente religiosos. Como leemos en *The Structure of Evil,*[1] de Ernest Becker, la cosmología medieval ponía a la Tierra en el centro del universo como un gran teatro religioso que había sido creado para un gran fin: como el escenario en el que la humanidad ganaba o perdía la salvación. Todo —el clima, el hambre, los estragos de la guerra y la enfermedad— había sido creado estrictamente para poner a prueba la fe. Y para orquestar la sinfonía de la tentación estaba Satanás. Él existía, según afirmaban los hombres de la Iglesia, para engañar nuestra mente, para hacer fracasar nuestro trabajo, para aprovecharse de nuestras debilidades y arruinar nuestra aspiración a la felicidad eterna.

Los que se salvaban pasarían la eternidad en la dicha del cielo. Para los que fracasaban, los que sucumbían a las tentaciones, el destino tenía preparada su condena en los lagos de fuego... a menos, por supuesto, que intervinieran los hombres de la Iglesia. Frente a esa realidad, los individuos de la época no podían recurrir directamente a Dios para pedir perdón o evaluar con exactitud si superaban esa prueba espiritual, pues los hombres de la Iglesia se erigían en guardianes exclusivos de lo divino y trabajaban incansablemente para evitar que las masas tuvieran acceso directo a cualquier texto sagrado. Si aspiraban a la eternidad en el cielo, los ciudadanos medievales no tenían más remedio que seguir los dictados a menudo complicados y caprichosos de los poderosos líderes eclesiásticos.

Las razones del colapso de esta visión del mundo son muchas. La expansión del comercio permitió conocer otras culturas y visiones que arrojaron dudas sobre la cosmología medieval. Los excesos y extremos de los hombres de la Iglesia al fin socavaron la credibilidad de la Iglesia. La invención de la imprenta y la distribución entre las poblaciones de Europa tanto de la Biblia como de los libros de la antigüedad llevaron información directa a las masas, lo cual a su vez provocó la revolución protestante.[2]

Una nueva línea de pensadores —Copérnico, Galileo y Kepler— cuestionó en forma directa el dogma de la Iglesia en cuanto a la estructura del sistema solar, la matemática referida a las órbitas de los planetas y hasta el lugar de la especie humana en el universo.[3] Con el tiempo, se puso en duda la creencia de que la Tierra estaba en el centro del universo. Y al surgir el Renacimiento y la Ilustración, Dios fue cada vez más apartado de la conciencia cotidiana.

LA ANGUSTIA DE ESTAR PERDIDO

Aquí podemos ver uno de los importantes puntos de inflexión histórica en la formación de la cosmovisión moderna. La visión del mundo medieval, a pesar de lo corrupta que era, por lo menos definía toda la existencia. Era una filosofía de coincidencia amplia y abarcadora. Establecía un sentido para toda la gama de hechos de la vida, entre ellos la razón de nuestra existencia y los criterios para ingresar en un plano celestial apacible después de la muerte. La vida era explicada en todas sus dimensiones.

Cuando empezó a derrumbarse la cosmología medieval, los seres humanos de Occidente nos hundimos en una profunda confusión respecto del significado existencial más elevado de nuestras vidas. Si los hombres de la Iglesia estaban equivocados y eran poco confiables, ¿cuál era la verdadera situación de la humanidad en este planeta?

Miramos a nuestro alrededor y nos dimos cuenta de que, en un último análisis, simplemente estábamos aquí dando vueltas en el espacio en un planeta que gira alrededor de una de miles de millones de otras estrellas, sin saber por qué. Sin duda había algún Dios, alguna fuerza de creación que nos había puesto aquí con algún fin premeditado. Pero ahora estábamos rodeados de duda e incertidumbre, inmersos en la angustia de la sinrazón. ¿Cómo podíamos encontrar el valor de vivir sin tener una idea clara de un propósito más elevado? En el siglo XVI, la cultura occidental se hallaba en transición; éramos un pueblo atascado entre una cosmovisión y otra en una tierra de nadie.

La aparición de la ciencia

Al fin se nos ocurrió una solución para nuestro dilema: la ciencia. Tal vez los seres humanos estuviéramos filosóficamente perdidos, pero nos dimos cuenta de que podíamos adoptar un sistema a través del cual volver a encontrarnos. Y esta vez creímos que sería un conocimiento verdadero, libre de la superstición y el dogma que habían caracterizado al mundo medieval.

Como cultura, decidimos iniciar una investigación masiva, un sistema organizado creador de conciencia, para descubrir los hechos de nuestra verdadera situación en el planeta. Daríamos poder a la ciencia y le ordenaríamos que fuera a ese lugar desconocido (recordemos que en ese entonces el inmenso mundo natural ni siquiera había sido nombrado, mucho menos explicado) para descubrir qué pasaba y explicárselo a la gente.

Nuestro entusiasmo era tan grande que nos daba la impresión de que el método científico podría incluso descubrir la verdadera naturaleza de Dios, el proceso creativo implícito en el núcleo del universo. Creíamos que la ciencia podría poner en orden la información necesaria que nos devolvería el sentido de certeza y significado que habíamos perdido con el colapso de la vieja cosmología.

Pero la fe que teníamos en un descubrimiento rápido de nuestra verdadera situación humana enseguida reveló ser infundada. Para empezar, la Iglesia logró presionar a la ciencia para que se concentrara sólo en el mundo material. Muchos de los primeros pensadores, incluido Galileo, fueron condenados o asesinados por los hombres de la Iglesia. Al avanzar el Renacimiento se produjo una tregua inestable. La Iglesia, herida pero todavía poderosa, se obstinaba en adjudicarse exclusiva competencia sobre la vida mental y espiritual de los seres humanos. Aprobaba la investigación científica apenas a regañadientes y los hombres de la Iglesia insistían en que la ciencia se aplicara sólo al universo físico: los fenómenos de las estrellas, las órbitas, la Tierra, las plantas y nuestro cuerpo.

Gracias al territorio, la ciencia empezó a concentrarse en este mundo físico y prosperó con rapidez. Empezamos a establecer la física implícita en la materia, nuestra historia geológica y la dinámica del clima. Se nombraron las partes del cuerpo humano y se investigaron las operaciones químicas de la vida biológica. Cuidadosa de no hacer caso a ninguna de las derivaciones que sus descubrimientos pudieran tener respecto de la religión, la ciencia empezó a analizar exclusivamente el mundo exterior.

UN UNIVERSO MATERIALISTA

La primera imagen amplia sobre el funcionamiento de ese mundo exterior fue creada por Sir Isaac Newton, que reunió las perspectivas de los primeros astrónomos en un modelo del universo estable y predecible. La matemática de Newton sugería que el mundo más amplio funcionaba de acuerdo con leyes naturales inmutables, leyes que podían darse por sentadas y ser utilizadas en forma práctica.

Descartes ya había planteado el argumento de que el

universo en su totalidad —la órbita de la Tierra y los otros planetas que giren alrededor del Sol, la circulación de la atmósfera según patrones climáticos, la interdependencia de las especies animales y vegetales— funcionaba como una gran maquinaria cósmica, o como un mecanismo de relojería, siempre confiable y por entero desprovisto de influencia mística.[4]

La matemática de Newton parecía probarlo. Y una vez que se estableció esta imagen holística de la física, todos creyeron que las otras disciplinas de la ciencia no tenían más que completar los detalles, descubrir los miniprocesos, los niveles más ínfimos y las fuentes que hacían funcionar el gran reloj. Cuando esto empezó a ocurrir, la ciencia fue especializándose cada vez más para organizar el universo físico, marcando subdivisiones más y más pequeñas y ahondando en los detalles para definir y explicar el mundo que nos rodea.

El dualismo cartesiano y la física newtoniana establecieron una posición filosófica que fue rápidamente adoptada como visión del mundo imperante para la era moderna. Esta visión propiciaba además un escepticismo empírico en el que nada referido al universo debía creerse a menos que se demostrara que existían experimentos cuantitativos incuestionables.

Después de Francis Bacon, la ciencia se volvió aún más secular y pragmática en su orientación y se apartó cada vez más de las cuestiones más profundas de la vida y el propósito espiritual de la especie humana. Si los presionaban, los científicos hacían referencia a una noción deísta de Dios, una deidad que había puesto el universo en funcionamiento al principio y dejaba que luego funcionara en su totalidad por medios mecánicos.

LA SOLUCIÓN DEL ILUMINISMO

Llegamos ahora a otro punto de inflexión clave en la formación de la cosmovisión moderna. Habíamos recurrido a la ciencia para descubrir las respuestas a nuestros interrogantes existenciales y espirituales más grandes, pero la ciencia se abstrajo en un enfoque puramente secular y material. ¿Quién podía saber cuánto se tardaría en descubrir el sentido más elevado de la vida humana?

Obviamente, en Occidente necesitábamos un nuevo estandarte de significado, una nueva mentalidad a la que pudiéramos aferrarnos mientras tanto y, más importante aún, que ocupara nuestra mente. Y en ese momento nuestra decisión colectiva fue la de volver la atención hacia el mundo físico, como lo hacía la ciencia. Después de todo, la ciencia descubría un rico tesoro de recursos naturales que estaban allí a nuestra disposición. Y podíamos usar dichos recursos para mejorar nuestra situación económica y así estar más cómodos en este mundo secular nuestro. Tal vez tuviéramos que esperar para conocer nuestra verdadera situación espiritual, pero, mientras esperábamos, podíamos estar más seguros desde el punto de vista material. Aunque temporaria, nuestra nueva filosofía fue el fomento del progreso humano, el compromiso de mejorar nuestra vida y la vida de nuestros hijos.

Por lo menos, esta nueva filosofía alivió nuestra mente. El peso liso y llano del trabajo por hacer nos mantenía ocupados, así como mantenía nuestra atención alejada del hecho de que el misterio de la muerte, y por ende la vida misma, seguía flotando sin una explicación. Algún día, al final de nuestra existencia terrenal, tendríamos que enfrentar las realidades espirituales, fueran cuales fueren. Pero mientras tanto redujimos nuestro punto de atención a los problemas de la existencia material cotidiana y tratamos de convertir al progreso, personal y colectivo, en la única razón de nuestra breve vida. Y ésa era nuestra postura psicológica al comienzo de la era moderna.

Basta con que echemos un rápido vistazo al final del siglo XX para ver las enormes consecuencias de este limitado enfoque del progreso material. En pocos siglos exploramos el mundo, fundamos países y creamos un enorme sistema de comercio global. Además, nuestra ciencia venció enfermedades, desarrolló formas impresionantes de comunicación y envió al ser humano a la Luna.

Sin embargo, todo esto se realizó a un costo muy alto. En nombre del progreso, explotamos el medio ambiente natural casi hasta un nivel de destrucción. Y personalmente, vemos que en cierto momento nuestra concentración en los aspectos económicos de la vida se convirtió en una obsesión utilizada para ahuyentar la ansiedad de la incertidumbre. Transformamos la vida secular y el progreso, regido por nuestra lógica, en una única realidad que permitimos ingresar en nuestra mente.

La cultura occidental empezó al fin a despertar de esta preocupación a mediados de este siglo. Nos detuvimos, miramos a nuestro alrededor y empezamos a comprender que estábamos en la historia. Ernest Becker ganó un premio Pulitzer por su libro *The Denial of Death*[5] porque mostraba con claridad lo que el mundo moderno se había hecho a sí mismo en el plano psicológico. Limitamos nuestro punto de atención a la economía material y durante muchísimo tiempo nos negamos a admitir la idea de una experiencia espiritual más profunda porque no queríamos pensar en el gran misterio que es esta vida.

Creo que por eso se tendía a abandonar a las personas mayores en geriátricos. Verlas nos recordaba lo que habíamos ahuyentado de nuestra conciencia. Nuestra necesidad de ocultarnos del misterio que nos asustaba también explica por qué resultaba tan extraña a nuestro sentido común la creencia en un universo donde la sincronicidad y otras capacidades intuitivas son reales. Nuestro miedo explica por qué, durante tantos años, los individuos que tenían experiencias misteriosas de sincronicidad, intuición, sueños proféticos, percepciones extrasensoriales, experiencias de vida después de la muerte, contacto angélico, y todo lo demás —experiencias que siempre tuvieron lugar en la existencia humana y que continuaron incluso en la edad moderna— enfrentaban tanto escepticismo. Hablar de estas experiencias o admitir incluso que eran posibles amenazaban nuestro supuesto de que lo único que existía era nuestro mundo secular.

Vivir el ahora más prolongado

Vemos, pues, cómo la percepción de la sincronicidad en nuestra vida representa nada menos que un despertar colectivo de una cosmovisión secular que duró siglos. Ahora, al observar la vida moderna con sus maravillas tecnológicas, podemos ver el mundo desde una perspectiva psicológica más reveladora.

Cuando terminó la era medieval, perdimos nuestro sentido de certeza respecto de quiénes éramos y qué significaba nuestra existencia. Entonces inventamos un método científico de indagación y quisimos que este sistema encontrara la verdad de nuestra situación. Pero la ciencia se fragmentó en miles de caras incapaces de configurar de inmediato una imagen coherente.

Reaccionamos entonces ahuyentando nuestra ansiedad, para lo cual nos concentramos en actividades prácticas, redujimos la vida a sus aspectos económicos solamente y por último entramos en una obsesión colectiva por los aspectos materiales y prácticos de la vida. Como vimos, los científicos montaron una visión del mundo que reafirmó esta obsesión y durante muchos siglos nosotros también nos perdimos en ella. El costo de esta cosmología limitada fue el estrechamiento de la experiencia humana y la represión de nuestra percepción espiritual más elevada, una represión que por fin estamos superando.

Nuestro desafío es mantener esta perspectiva respecto de la historia en nuestra conciencia, como una cuestión de ejercicio, en especial cuando el materialismo todavía influyente aparece para volver a hundirnos en la vieja visión. Debemos recordar dónde estamos, la verdad de la era moderna y hacerla parte de cada momento, pues a partir de esta sensación más fuerte de estar vivos podemos abrirnos a la siguiente etapa de nuestro viaje.

En cuanto cambiamos nuestra mirada, vemos que la ciencia no nos falló por entero. Siempre hubo en la ciencia una corriente subyacente que iba silenciosamente más allá de la obsesión material. En las primeras décadas del siglo XX, una nueva ola de pensamiento empezó a configurar una descripción más completa del universo y de nosotros mismos, descripción que por fin está introduciéndose en la conciencia popular.

El ingreso en el universo sensible

Uno de los hitos más importantes en el surgimiento de una nueva visión científica de la especie humana y el universo es la obra de Thomas Kuhn, que en 1957 publicó *The Structure of Scientific Revolutions.*[1] Este libro fue el primero en alertarnos acerca de la tendencia de la ciencia a ser selectiva por la forma en que sus profesionales eligen su investigación y al mismo tiempo por cómo juzgan el trabajo de otros.

De manera muy convincente, Kuhn mostraba que lo que él denominó "pensamiento paradigmático" a menudo llevaba a los científicos a excluir áreas de investigación, como hallazgos particulares que no se ajustaban con facilidad a las teorías o las construcciones mentales predominantes de la época. Un paradigma es un conjunto de creencias sobre la realidad que parecen evidentes e inmutables. El pensamiento paradigmático puede llevar a los individuos (en este caso, los científicos) a defender su punto de vista contra toda prueba racional. Esto es exactamente lo que pasó con la sumisión ciega al paradigma newtoniano. La tesis de Kuhn también arrojó luz sobre el problema de la "inversión" personal de la ciencia, revelando la forma en que los científicos muchas veces hacen sus carreras a partir de descubrimientos particulares, a menudo en universidades o instituciones privadas, y luego tienden a defender estas posiciones teóricas —que ven como origen de su *status* personal— frente a los que llegan con ideas diferentes, aunque esas ideas sean objetivamente mejores y más completas.

En razón de este problema, la ciencia con frecuencia avanza con lentitud, y a menudo debe retirarse una generación para que la siguiente vea aceptados sus logros. El gran aporte de Kuhn fue crear una mayor conciencia y una mayor apertura personal en una nueva generación de científicos, justamente en momentos en que se producía una toma de conciencia popular de que estaba produciéndose un cambio importante de paradigma.

Newton imaginó que el mundo funcionaba gracias a procesos puramente físicos de una naturaleza similar a la máquina, sin influencia mental o mística de ningún tipo. Al seguir este paradigma, todas las demás ciencias y subdisciplinas se pusieron a categorizar y explicar todas las partes y los procesos básicos del mundo.

Sin embargo, a fines del siglo XIX, en el clímax mismo del paradigma mecanicista, empezaron a ponerse en duda los supuestos básicos de la física que había creado este tipo de ciencia. De repente, en vez de ser un lugar muerto y sin alma, el universo comenzó a parecer un enorme teatro de energía dinámica y misteriosa, una energía que estaba implícita en todas las cosas e interactuaba consigo misma de una manera que no podía calificarse sino de "inteligente".

La nueva física

Este paso a una creencia en el universo inteligente empezó con el trabajo de Albert Einstein, que a lo largo de varias décadas puso la física patas para arriba. Como bien lo detalla Fritjof Capra en *El Tao de la física*, Einstein salió a escena cuando a los científicos empezó a costarles comprender datos experimentales específicos como lo hacían antes. El comportamiento de la luz, por ejemplo, no encajaba fácilmente en la visión mecanicista newtoniana.[2]

Maxwell y Faraday habían demostrado en 1860 que la mejor manera de describir la luz era como un campo electromagnético oscilante que distorsionaba el espacio ya que viajaba a través del universo en forma de ondas. La idea de las distorsiones de espacio evidentemente no era posible dentro de la estructura newtoniana, porque para ajustarse a esa teoría la onda necesitaba un medio para poder viajar mecánicamente. Para resolver el problema, Maxwell y Faraday enunciaron la hipótesis de un "éter" universal que podía cumplir con esa función.[3]

En lo que más tarde constituiría una serie de percepciones brillantes, Einstein propuso la teoría de que no había ningún éter y que en verdad la luz viajaba a través del universo sin un medio distorsionando el espacio. Einstein postuló además que este efecto explicaba también la fuerza de gravedad, afirmando que la gravedad no era una fuerza en el sentido convencional en que Newton la describía.

Era, en cambio, el resultado de la forma en que la masa de una estrella o un planeta también distorsionaba el espacio.

Einstein afirmó que la Luna, por ejemplo, no gira alrededor de nuestro planeta porque es atraída por la masa más grande de la Tierra que tira de ella como si fuera una pelota que va haciendo remolinos sobre una cuerda. Lo que sucede, en cambio, es que la Tierra distorsiona su espacio circundante de manera tal que lo curva, o sea que la Luna en realidad va en línea recta siguiendo las leyes de la inercia, pero no obstante gira alrededor de nuestro planeta en una órbita.

Esto significa que no vivimos en un universo que se expande hacia el infinito en todas las direcciones. El universo en su conjunto está curvado por la totalidad de materia que tiene en su interior de una manera increíblemente misteriosa. Esto significa que si tuviéramos que viajar lo suficiente en una línea recta perfecta en una dirección, recorriendo una distancia lo bastante grande, volveríamos exactamente al mismo lugar en que empezamos. Por lo tanto, el espacio y el universo son interminables y sin embargo finitos, limitados, como una cápsula, lo cual plantea la cuestión: ¿qué hay fuera de este universo? ¿Otros universos? ¿Otras realidades dimensionales?

Einstein llegó a establecer que el tiempo objetivo también es alterado por la influencia de los cuerpos grandes y por la velocidad. Cuanto más grande es el campo gravitacional en el que se coloca un reloj y cuanto más rápido viaja el reloj, más lento es el paso del tiempo en relación con otro reloj. En un experimento mental ahora famoso, Einstein ilustró de qué manera un reloj en una nave espacial que viaja a velocidades cercanas a la velocidad de la luz funcionaría con más lentitud en relación con un reloj en la Tierra. Los ocupantes de la nave no notarían ninguna diferencia pero envejecerían mucho menos durante su vuelo que los que no viajaron.[4]

Einstein también demostró el carácter constante de la velocidad de la luz, con independencia de cualquier otro movimiento agregado o sustraído a su velocidad. Por ejemplo, cuando viajamos en auto y arrojamos una bola hacia delante, la velocidad de la bola es la velocidad del auto más la velocidad de la bola después de haber sido arrojada. No ocurre lo mismo con la luz. La velocidad de la luz visible así como la de todos los fenómenos electromagnéticos, es de 299.792 kilómetros por segundo aunque vayamos, digamos, a 290.000 kilómetros por segundo y alumbráramos hacia delante con una linterna. La velocidad de la luz que sale de la linterna no sería la suma de su velocidad más nuestra propia velocidad sino que se mantendría constante en 299.792 kilómetros por segundo. Este solo descubrimiento, una vez captado, destruye la vieja idea de un universo mecánico.

En lo que constituye su idea tal vez más revolucionaria, Einstein también afirmó que la masa de un objeto físico y la energía que contenía eran en realidad intercambiables según la fórmula $E = mc^2$. En esencia, Einstein demostró que la materia no es nada más que una forma de luz.[5]

El trabajo de Einstein fue como abrir una caja de Pandora. El paradigma se apartó del concepto de un universo mecanicista, y nuevos descubrimientos empezaron a probar lo misterioso que es el universo.

Los primeros datos nuevos fueron producidos en la física cuántica por pioneros como Niels Bohr, Wolfgang Pauli y Werner Heisenberg. Desde la antigua Grecia, la física se había aventurado en la búsqueda de los componentes materiales básicos de la naturaleza, dividiendo la materia en unidades cada vez más pequeñas. Se confirmó la idea del átomo, pero cuando los físicos dividieron el átomo en partículas más pequeñas de protones y electrones empezaron a darse cuenta de la escala sorprendente que esto implicaba. Como relata Capra, si se visualiza el núcleo de un átomo del tamaño de un grano de sal, entonces para describir con precisión la escala de un átomo real, los electrones deberían estar alejados decenas de metros.

Igualmente impactante fue el descubrimiento de la manera en que se comportaban estas partículas elementales bajo observación. Al igual que la luz, parecía que actuaban como ondas y a la vez como objetos con masa, según el tipo de observación que los científicos elegían. De hecho, a comienzos de este siglo muchos famosos físicos del *quantum* —entre ellos Heisenberg— empezaron a creer que el acto de observación y la intención de los científicos afectaba directamente la conducta y la existencia de estas partículas elementales.[6]

Poco a poco, los físicos empezaron a cuestionar si era lógico incluso llamar partículas a estas entidades. Se comportaban por cierto de una manera que en ningún sentido podía ser llamada material. Por ejemplo, si se dividían, las unidades separadas resultaban ser partículas gemelas del mismo tamaño y especie. Lo más sorprendente de todo, quizás, es que estas sustancias elementales tienen una forma de comunicarse entre sí a través del tiempo y el espacio que es imposible de acuerdo con el viejo paradigma mecanicista. Los experimentos demostraron que, si se divide en dos una partícula y se hace cambiar de condición a una de ellas, o se la hace rotar, la otra automáticamente rota aunque esté muy alejada.[7]

En respuesta a este descubrimiento, el físico John Bell armó su ahora famosa ley, conocida como teorema de Bell, que estipula que, una vez conectadas, las entidades atómicas están siempre conectadas, un hecho por entero mágico desde el viejo punto de vista newtoniano. Más aún, las últimas teorías de la supercuerda y el hiperespacio en la física aportan más misterio a la situación. Ven un universo que incluye multidimensiones, aunque increíblemente pequeñas y reducen la materia y la energía a puras vibraciones similares a cuerdas.[8]

Como era de suponer, esta nueva descripción del universo

que plantean los físicos empezó a afectar también las otras disciplinas, en especial la biología. Como parte del viejo paradigma, la biología había reducido la vida a la mecánica de las reacciones químicas. Y la teoría mecanicista de la evolución de Darwin había permitido a la biología explicar la existencia de un amplio espectro de formas de vida en el planeta, incluidos los seres humanos, en términos de procesos aleatorios en la naturaleza, sin ninguna referencia a lo espiritual.

Es irrefutable que la vida en este planeta evolucionó de alguna manera de formas más pequeñas a más grandes; el registro fósil es claro. Pero la descripción de un universo nuevo y misterioso por parte de los físicos puso en duda la formulación de Darwin respecto de la manera en que actuó dicha evolución.

En la concepción de Darwin, las mutaciones se producían al azar en la descendencia de los miembros de todas las especies, lo cual daba a estos descendientes rasgos ligeramente distintos. Si los rasgos resultaban ventajosos, dichos individuos sobrevivían en una proporción mayor y a la larga el nuevo rasgo se establecía como característica general de la especie. Según Darwin, por ejemplo, algunos de los antepasados de la jirafa actual habían desarrollado aleatoriamente cuellos largos y como este desarrollo resultó ser una ventaja (alcanzar fuentes más abundantes de alimento), la descendencia de estos animales sobrevivió en una proporción mayor y por último todas las especies de esa clase tuvieron cuellos largos.

En el universo secular y sin misterio, la evolución no podía concebirse de ninguna otra manera. Pero ahora, con estas ideas surgen varios problemas. Una dificultad es que recientes proyecciones de datos indican que un proceso totalmente aleatorio habría sido muy lento y las formas de vida habrían tardado en alcanzar el estadio que alcanzaron mucho más que el tiempo que lleva la vida evolucionando en la Tierra. Otro problema es que el registro de fósiles no muestra los eslabones perdidos o las criaturas transicionales que deberían existir para reflejar un cambio gradual de una especie de una forma a otra.[9]

Por cierto, los organismos multicelulares siguieron a los organismos unicelulares, y los reptiles y mamíferos no aparecieron hasta no haberse desarrollado los peces y los anfibios. Pero el proceso parecía saltar de una especie totalmente formada a la siguiente con la aparición de las nuevas especies al mismo tiempo en distintos lugares del mundo. Los aspectos misteriosos del universo descritos por la nueva física sugieren que la evolución tal vez esté avanzando con un propósito más determinado de lo que Darwin suponía.

Además de la biología, la nueva física empezó a afectar también a muchas otras disciplinas —en especial la psicología y la sociología— porque cambió en forma considerable nuestra concepción del universo exterior en el cual vivimos. Ya no podemos pensar que vivimos en un mundo simple formado por un componente material sólido. Si estamos despiertos, sabemos que todo lo que nos rodea es un modelo vibrante de energía, el componente de la luz... y que nos incluye a nosotros.

LA ENERGÍA UNIVERSAL, EL *CH'I* Y EL CAMPO ENERGÉTICO HUMANO

Existen paralelos directos entre las visiones de la nueva física y la descripción de la realidad que ofrecen las filosofías orientales del hinduismo, el budismo y el taoísmo. La nueva física describe el mundo de la materia y la forma en términos de un campo cuántico de energía que lo abarca todo. Por debajo de la superficie de las cosas del mundo, no hay componentes básicos de la naturaleza; hay sólo un tejido interconectivo de relaciones energéticas.

Las principales filosofías religiosas de Oriente sostienen en esencia la misma opinión, pero, en vez de llegar a esta conclusión como consecuencia de la experimentación objetiva, la alcanzaron al cabo de siglos de una atenta observación interior. El pensamiento oriental proclama que el universo que contemplamos es esencialmente un todo indivisible que consiste en una vida o fuerza espiritual, porque eso es lo que puede experimentarse que es.

Cada una de estas religiones tiene su método para llegar a una mayor conexión con el universo más amplio. Pero todas afirman que los seres humanos, pese a estar íntimamente conectados a esta energía sutil, llamada *prana* o *ch'i* (o *ki*), en general están apartadas de sus niveles más elevados. Distintas disciplinas de estas religiones orientales —la meditación y las artes marciales, por ejemplo— están pensadas para despertar esta relación y se han documentado resultados espectaculares en ese sentido. Algunos yoguis orientales han exhibido increíbles proezas de fuerza, un control extraordinario sobre su cuerpo y la capacidad para resistir fríos o calores extremos.[10]

Algunos sistemas orientales afirman que la energía que circula a través de los seres humanos puede observarse en realidad bajo la forma de un campo envolvente de luz o aura. Esta energía es percibida a menudo como una luz coloreada que emana de cada ser humano y la forma o el tono distintivos de esta luz refleja la naturaleza del ser interior y el carácter del individuo.

En la década de los 50, cuando las descripciones de la nueva física empezaron a circular en los medios de comunicación, de repente estas afirmaciones esotéricas de Oriente, basadas estrictamente en la observación interior, empezaron a ser tomadas con mucha seriedad por psicólogos y sociólogos de Occidente. Oriente había creado un sistema donde el potencial del ser humano era mucho más abierto y de mayor alcance, y a medida que fueron conociéndose estos conceptos, el viejo paradigma empezó a introducirse más en las otras disciplinas. La nueva física nos había dado una nueva concepción del universo circundante y ahora un movimiento similar en las ciencias humanas estaba a punto de aportarnos una nueva comprensión de nosotros mismos.

El movimiento del potencial humano

En la mitad del siglo XX, el centro de atención predominante de la psicología en Occidente era el estudio de la mente humana en relación con nuestras acciones en el mundo exterior; en otras palabras, la investigación de nuestro comportamiento. Siguiendo el paradigma mecanicista, que antes había llevado al modelo del estímulo/respuesta, los psicólogos buscaban un principio o fórmula clave al cual pudiera reducirse toda la acción humana.

El único avance importante en el estudio de la psicología humana se lograba en la psiquiatría según el modelo de patología médica creado por Sigmund Freud. Pensador de fines del siglo XIX, Freud había analizado en profundidad la estructura de la mente basando sus teorías en conceptos simplificadores y biológicos aceptables para el paradigma mecanicista.

Freud fue el primero en postular que los traumas de la infancia a menudo derivaban en miedos neuróticos y reacciones de las que los seres humanos en general no eran conscientes. Llegó a la conclusión de que el comportamiento de la especie humana era motivado simplemente por el impulso de aumentar el placer y evitar el dolor.

Sin embargo, durante la década de los 50, los misterios revelados por la nueva física, la creciente influencia de las filosofías orientales y los movimientos duales del existencialismo y la fenomenología en la filosofía occidental inspiraron una tercera postura teórica en psicología. Esta nueva orientación fue dirigida por Abraham Maslow, que, con un grupo de otros pensadores y escritores, propició una forma más completa de estudiar la conciencia humana.[11]

Estos científicos, que rechazaron el behaviorismo por considerarlo demasiado abstracto y las teorías de Freud por estar demasiado obsesionadas con los deseos sexuales sublimados, se propusieron estudiar la mente centrando la atención en la percepción en sí. Muy marcada fue en este sentido la influencia de Oriente, donde la conciencia se estudiaba desde adentro, en la forma que cada ser humano la experimenta. A lo largo de nuestra vida, miramos el mundo a través de nuestros sentidos, interpretamos lo que sucede a nuestro alrededor basándonos en nuestros recuerdos y expectativas y usamos nuestros pensamientos e intuiciones para actuar. Este nuevo enfoque psicológico fue llamado "humanismo" y se desarrolló a pasos gigantescos durante las décadas de los 60 y 70.

Los humanistas no negaron que muchas veces somos inconscientes respecto de lo que motiva nuestro comportamiento. Coincidieron en que los seres humanos tienden a restringir su experiencia repitiendo a menudo libretos y patrones de reacción pensados para reducir la ansiedad. Pero los humanistas también se concentraron en qué pueden hacer los seres humanos para liberar sus puntos de vista y trascender sus esquemas para abrirse a la experiencia humana más elevada que está a su disposición.

Esta nueva perspectiva trajo aparejado un redescubrimiento del trabajo de Carl Jung, el psicoanalista suizo que se apartó de Freud en 1912 para desarrollar sus propias teorías, entre ellas el principio de sincronicidad. Según Jung, cuando miramos el mundo, nuestros impulsos interiores no son sólo evitar el dolor y maximizar el placer hedonista, como pensaba Freud, aunque en los niveles más bajos de conciencia pueda parecer así. Nuestro impulso más grande, para Jung, apunta a la plenitud psicológica y la autorrealización de nuestro potencial interno.

En esta aventura contamos con la ayuda de vías ya establecidas en el cerebro, que él llamó "arquetipos". Al crecer psicológicamente, podemos concretar o activar estos arquetipos y por lo mismo avanzar hasta la autorrealización. La primera etapa de crecimiento es la de diferenciación, durante la cual tomamos conciencia de nosotros mismos en el medio cultural donde nacimos y empezamos a individualizarnos. Esto significa que debemos encontrar un segmento propio en el mundo que aprendimos en la infancia, un proceso que incluye educarnos, establecer una economía y encontrar una forma de ganarnos la vida.

Al hacerlo, agudizamos el poder de nuestro yo y nuestra voluntad, reemplazando nuestro conjunto de reacciones automáticas aprendidas por una forma lógica de interpretar los hechos que se convierte en nuestra propia forma de ponernos de pie y extender nuestro yo al mundo como persona única con visiones singulares. Esta etapa es en un primer momento un poco narcisista (egoísta) y en general exagerada (egotista) pero a la larga activa lo que Jung denominó el "arquetipo del héroe". A esa altura estamos listos para encontrar algo importante para hacer en la cultura; nos sentimos orgullosos y estamos decididos a llevarlo a cabo.

Al seguir creciendo, superamos la fase del héroe y activamos lo que Jung llamó el "arquetipo del sí mismo", una etapa de desarrollo durante la cual superamos el concepto del yo basado en dominar nuestro medio. Entramos, en cambio, en una conciencia más dirigida hacia el interior en la que intuición y lógica pasan a actuar juntas y nuestros objetivos se armonizan más con nuestras imágenes y sueños internos de lo que en realidad queremos hacer.

Ésta es la fase que él describe como autorrealización y es aquí donde habla de la percepción más elevada de la sincronicidad. Aunque vislumbrada en cada nivel, la percepción de coincidencias significativas pasa a ser sumamente instructiva durante esta etapa. En este estadio, los hechos de nuestra vida empiezan a responder a nuestra disposición a crecer y la sincronicidad comienza a producirse con mayor frecuencia.[12]

Reafirmada por Jung, empezó a surgir la imagen completa de cómo el ser humano se empantana durante este proceso. Siguiendo la línea de descubrimientos de Freud y Otto Rank hasta Norman O. Brown y Ernest Becker, podríamos ver qué pasa. Los seres humanos crean creencias y comportamientos de vida particulares (libretos) que mantienen en forma inflexible como su mecanismo para apartar la ansiedad de la conciencia. Van desde fetiches incontrolables y hábitos neuróticos hasta ideas religiosas y creencias filosóficas fijas más normales. Lo que estos libretos tienen en común es su naturaleza intratable y su resistencia al debate o la discusión racional.

Los humanistas descubrieron además que la sociedad humana se caracteriza por luchas de poder irracionales pensadas exclusivamente para mantener intactos estos libretos. Una ola de pensadores, entre ellos Gregory Bateson y R. D. Laing, empezaron a delinear este proceso.[13]

Uno de los descubrimientos clave fue el llamado "efecto de doble atadura", en el cual las personas descalifican cada idea propuesta por los otros para dominar la interacción. Como demostró Laing, cuando este hábito es perpetrado por padres en sus hijos, los efectos suelen ser trágicos. Cuando se critica cada gesto posible que propone un niño, el niño se acantona en una postura defensiva extrema y desarrolla esquemas de reacción excesivos creados para responder. Cuando estos niños crecen, su postura defensiva y su necesidad de controlar cada situación los lleva a usar a su vez, en forma inconsciente técnicas de doble atadura, en especial con sus propios hijos, y de esa manera la situación se perpetúa durante muchas generaciones.

Estos psicólogos de la interacción descubrieron que este modo de comunicación humana era epidémico en la sociedad, lo cual creaba una cultura en la que todos se hallaban a la defensiva tratando de controlar y dominar a los otros. En estas condiciones, la autorrealización y la creatividad superior eran limitadas porque la mayoría de las personas pasaban su tiempo luchando por dominar a otros y reafirmar sus libretos en vez de abrirse a las mayores posibilidades disponibles en experiencia y en relaciones entre la gente.

Estos hallazgos se popularizaron ampliamente a lo largo de varias décadas, sobre todo en los Estados Unidos. El libro *Games People,* del doctor Eric Berne, pasaba revista a los libretos y manipulaciones más comunes y los describía con mucho detalle. *I'm OK/You're OK,* de Thomas Harris, explicaba cómo podía usarse el análisis transaccional para analizar la verdadera naturaleza de las conversaciones humanas y avanzar hacia una forma más madura de interacción.[14] Una nueva conciencia sobre la calidad de nuestras interacciones empezó a abrirse paso en la cultura, adelantando la idea de que todos podemos trascender estos hábitos.

Al florecer la idea humanística de que podemos encontrar un nivel más elevado de experiencia, el misterio de nuestra existencia en sí mismo pasó a ser tema de amplia discusión entre los humanistas. Fue en ese momento cuando volvió a evaluarse la formulación de la evolución de Darwin, cuestionado por pensadores como Pierre Teilhard de Chardin y Sri Aurobindo, que afirmaban que la evolución no era arbitraria sino que avanzaba en una dirección con un propósito. Estos pensadores sostuvieron que el curso de la vida desde los organismos primitivos hasta los animales y vegetales más complejos tiene un propósito, que los seres humanos no son accidentes de la naturaleza y que nuestra evolución social, incluido nuestro viaje hacia las dimensiones superiores de la experiencia espiritual, es el resultado al cual apunta toda la evolución.[15]

Un teórico actual que propuso una comprensión de la vida que respalda esta tesis es Rupert Sheldrake. Según la teoría de la vida sostenida por Sheldrake, las formas biológicas son creadas y sustentadas a través de campos morfogénicos. Estos campos son de naturaleza no local y crean una estructura invisible seguida por las moléculas, las células y los órganos a medida que van diferenciándose y especializándose para crear una forma de vida particular. Más aún, este campo evoluciona con el tiempo cuando cada generación de una especie no sólo es estructurada por su campo implícito sino que corrige el campo al vencer los problemas en el medio ambiente.

Por ejemplo, es posible que, para prosperar en su segmento biológico, un pez necesite desarrollar más aletas para nadar más rápido. En el sistema de Sheldrake, la voluntad del pez iniciaría en el campo morfogénico de esa especie un cambio que se reflejaría en su progenie al desarrollar esas mismas aletas. Esta teoría introduce la posibilidad de que los saltos que aparecen en el registro de fósiles hayan ocurrido también de esta forma, cuando los miembros de una especie determinada crean un campo morfogénico que produce no sólo rasgos adicionales sino un salto total a una forma de vida distinta. Por ejemplo, es posible que algún pez particular haya alcanzado el límite de su evolución en el agua y haya producido una progenie que en realidad fue una nueva especie: los anfibios, que podían arrastrarse por la tierra.

Según Sheldrake, este progreso podría explicar también la evolución social del ser humano. A lo largo de la historia, los humanos, como otras formas de vida, hemos traspasado el envoltorio de nuestro conocimiento luchando siempre por avanzar hacia un entendimiento más completo de nuestro medio ambiente y la realización de nuestro potencial interior. Puede pensarse que, en cualquier momento determinado, el nivel de capacidad y conciencia humana es definido por el campo morfogénico compartido. Cuando los individuos ponen en práctica habilidades particulares —correr más rápido, captar los pensamientos de otro, recibir intuiciones— el campo morfogénico es impulsado hacia delante no sólo para ellos sino para todos los seres humanos. Por eso los inventos y los descubrimientos muchas veces son propuestos al mismo tiempo en la historia por individuos que no están en contacto entre sí.

Aquí empiezan a fusionarse los hallazgos de la física moderna y la investigación más reciente de algunos científicos sobre los efectos de la oración y la intención. Estamos íntimamente conectados con el universo y unos con otros, y nuestra influencia sobre el mundo a través de nuestros pensamientos es más poderosa de lo que nadie ha podido imaginar.

El universo sensible

En estas últimas décadas, los investigadores en el área de la psicología empezaron a estudiar seriamente el efecto de nuestras intenciones en el universo físico. Algunos de los primeros hallazgos en este sentido se produjeron en el área del *biofeedback*. A través de cientos de estudios se ha demostrado que podemos influir sobre muchas de nuestras funciones corporales que antiguamente se consideraban por entero controladas por el sistema nervioso autónomo, entre ellas el pulso cardíaco, la presión sanguínea, el sistema inmune y las ondas cerebrales. Casi todos los procesos que podemos monitorear revelaron alguna susceptibilidad a nuestra voluntad.[16]

No obstante, investigaciones recientes han demostrado que nuestra conexión e influencia van mucho más lejos. Nuestras intenciones también pueden afectar los cuerpos de otros, sus mentes y la forma de los hechos en el mundo. La nueva física reveló que estamos conectados de una manera que trasciende los límites espaciotemporales. El teorema de Bell parece aplicarse tanto a nuestros pensamientos como al funcionamiento de las partículas elementales.

Nadie ha contribuido más a la popularización de esta nueva comprensión como el doctor Larry Dossey, que escribió una serie de libros referidos a los poderes de la intención y la oración. Analizando investigaciones pasadas y presentes desde F. W. H. Myers a Lawrence LeShan, de J. B. Rhine al Laboratorio de Ingeniería de Investigación de Anomalías de Princeton, Dossey presentó un interesante resumen de pruebas de que podemos atravesar el espacio y a veces el tiempo para ejercer un efecto en el mundo.[17]

En un estudio particular mencionado en su libro *Recovering the Soul*, Dossey describe a un grupo de sujetos reunidos para evaluar su capacidad para recibir información desde grandes distancias. Cuando se les pidió que identificaran un naipe extraído al azar por un sujeto en otro lugar, los otros sujetos, a cientos de kilómetros, no sólo podían reconocer la carta en proporciones superiores a la pura casualidad sino que muchas veces recibían la información antes incluso de que el naipe fuera extraído.

En otros estudios pensados para evaluar más a fondo esta capacidad, los sujetos pudieron identificar un grupo de números producidos por un generador de números al azar antes de que ellos fueran producidos. Las derivaciones de este y otros estudios similares son de extrema importancia porque aportan pruebas que confirman capacidades que muchos de nosotros hemos experimentado reiteradas veces. No sólo estamos conectados telepáticamente unos con otros, sino que también tenemos una capacidad precognitiva; somos capaces, en apariencia, de captar imágenes o corazonadas sobre hechos futuros, en especial si afectan nuestra vida y nuestro crecimiento.[18]

Sin embargo, nuestras capacidades llegan aún más lejos. No sólo podemos recibir información sobre el mundo con nuestra mente, sino que también podemos afectar al mundo mentalmente. Dossey cita un estudio especial, hoy en día muy conocido, que realizó en el Hospital General de San Francisco el doctor Randolph Byrd. En este estudio, un grupo de pacientes cardíacos tenía un equipo de voluntarios que rezaba por ellos y un grupo de pacientes de control no recibía ninguna oración.[19] Dossey señala que los pacientes del grupo que tenían quien rezara por ellos necesitaron cinco veces menos antibióticos y desarrollaron tres veces menos líquido en los pulmones que el grupo de control. Además, ninguno de los del grupo por el cual habían rezado necesitó respirador artificial, en tanto que doce integrantes del grupo de control sí.

Otros estudios citados por Dossey demostraron que el poder de la oración y la intención funciona igualmente bien con los vegetales (aumentando el número de semillas que brotan), las bacterias (aumentando las tasas de crecimiento), y los objetos inanimados (afectando las figuras que forman algunas pelotas livianas cuando caen).[20]

Un grupo de estudios reveló algo más que es en extremo interesante. Si bien nuestra capacidad para incidir sobre el mundo funciona en ambos casos, la intención no directiva (o sea, la idea de que "lo mejor" ocurre cuando no introducimos nuestra opinión) funciona mejor que la intención directiva (la idea de que debe producirse un desenlace específico). Esto parece indicar que hay un principio o ley incorporado en nuestra conectividad con el resto del universo que mantiene contenido nuestro ego.

Los estudios que cita Dossey también indican que debemos tener cierto conocimiento personal del sujeto de nuestra oración y que la intención general que deriva de un sentido de conexión con lo divino o con nuestro yo superior en apariencia funciona mejor. Además, los experimentos parecen confirmar que nuestras intenciones tienen efecto acumulativo. En otras palabras, los sujetos por los cuales se reza más tiempo obtienen mayores beneficios que aquellos por los que se reza menos.

Y algo muy importante: Dossey cita estudios según los cuales nuestros supuestos generales actúan en el mundo igual que nuestras intenciones u oraciones más conscientes. El famoso experimento de la Oak School ilustra este punto. En este estudio, se dijo a los profesores que cierto grupo de alumnos, identificados por evaluaciones, podían lograr los mayores progresos durante el año lectivo. En realidad, a los profesores se les daba una lista de alumnos elegidos al azar. A fin de año estos alumnos de hecho mostraron mejoras significativas no sólo en su rendimiento (que podría explicarse por la atención suplementaria dedicada por los profesores) sino también en los *tests* de cociente intelectual pensados para evaluar exclusivamente su capacidad innata.[21] En otras palabras, los supuestos de los profesores sobre sus estudiantes modificaron su potencial real para aprender.

Por desgracia, este efecto funciona al parecer también en sentido negativo. En su reciente libro *Be Careful What You Pray For, You Just Might Get It*, Dossey menciona estudios en los que aparece que nuestros supuestos inconscientes pueden lastimar a otros. Un ejemplo importante de ello ocurre cuando rezamos por alguien para que cambie de opinión o para que deje de hacer lo que está haciendo antes de investigar con cuidado si su postura es correcta. Lo mismo pasa cuando tenemos pensamientos negativos sobre la forma en que otra persona actúa o cómo es. Muchas veces son opiniones que nunca deberíamos manifestarle a nadie directamente, pero como todos estamos conectados, estos pensamientos actúan como dagas que influyen en los conceptos de una persona acerca de sí misma y hasta es probable que en su comportamiento real.[22]

Esto significa, por supuesto, que con nuestros pensamientos inconscientes también podemos influir de manera negativa en la realidad de nuestras situaciones personales. Cuando pensamos negativamente sobre nuestras capacidades personales, nuestro aspecto o nuestras perspectivas en el futuro, estos pensamientos influyen de una manera muy real en cómo nos sentimos y qué nos sucede.

VIVIR LA NUEVA REALIDAD

Aquí vemos, pues, el panorama más amplio que ofrece la nueva ciencia. Ahora, al salir a nuestro jardín o cuando caminamos por un parque admirando el paisaje un día de sol radiante, debemos ver un mundo nuevo. Ya no podemos pensar que el universo en el que vivimos se expande en todas las direcciones hasta el infinito. Sabemos que el universo es físicamente interminable pero curvado de una manera que lo hace limitado y finito. Vivimos dentro de una burbuja de espacio/tiempo y, como el físico hiperespacial, intuimos otras dimensiones. Y cuando miramos alrededor las formas dentro de este universo, ya no podemos ver materia sólida sino energía. Todo, incluidos nosotros, no es nada más que un campo de energía, de luz, y todas las cosas interactúan e influyen unas sobre otras.

En realidad, la mayoría de estas descripciones de la nueva realidad ya fueron confirmadas por nuestra experiencia. Todos tenemos momentos, por ejemplo, en los que podemos percibir que otros captaron nuestros pensamientos u oportunidades en las que sabemos lo que otros sienten o están a punto de decir. Asimismo, hay veces en que sabemos que algo está por ocurrir o que puede ocurrir potencialmente, y estas premoniciones son seguidas a menudo por corazonadas que nos dicen adónde debemos ir o qué debemos hacer para estar exactamente en el lugar indicado en el momento justo. Y lo que es más significativo, sabemos que nuestra actitud y nuestra intención respecto de los demás es sumamente importante. Como veremos más adelante, cuando pensamos en forma positiva, animándonos a nosotros y a los demás, empiezan a producirse hechos increíbles.

Nuestro desafío es llevar esto a la práctica cotidiana, integrarlo a nuestra vida de todos los días. Vivimos en un universo de energía dinámica, inteligente y sensible, en el que las expectativas y los supuestos de los demás se irradian hacia fuera para influir en nosotros.

Por lo tanto, la siguiente etapa en nuestro viaje para vivir la nueva conciencia espiritual es ver el mundo humano de energía, expectativa y drama tal como es, y aprender a negociar este mundo de una manera más efectiva.

5

MÁS ALLÁ DE LAS LUCHAS DE PODER

El gran logro de la interacción de los psicólogos fue identificar y explicar la forma en que los seres humanos tendemos a competir y a dominarnos unos a otros debido a una profunda inseguridad existencial. Fue Oriente, sin embargo, el que nos aportó un esclarecimiento mayor de la psicología implícita en este fenómeno.

Tanto la ciencia como el misticismo demuestran que los seres humanos somos en esencia un campo energético. Aun así, Oriente sostiene que nuestros niveles normales de energía son débiles y chatos hasta que nos abrimos a las energías absolutas disponibles en el universo. Cuando se produce esta apertura, nuestro *ch'i* —o tal vez deberíamos llamarlo nuestro nivel de energía cuántica— se eleva a una altura que resuelve nuestra inseguridad existencial. Pero hasta entonces nos movemos buscando más energía de los demás.

Comencemos observando qué ocurre en realidad cuando dos personas interactúan. Hay un viejo dicho místico según el cual la energía sigue a la atención. Por lo tanto, cuando dos personas se dirigen la atención, literalmente fusionan campos energéticos, aunando su energía. El tema pasa a ser enseguida: ¿Quién va a controlar esta energía acumulada? Si uno puede dominar y consigue que el otro ceda a su punto de vista, mire el mundo a su manera, a través de sus ojos, este individuo captó ambas energías como propias. Siente un aumento inmediato de poder, seguridad, valoración personal y hasta euforia.

Pero esas sensaciones positivas son ganadas a expensas de la otra persona, ya que el individuo dominado se siente fuera de su centro, ansioso y carente de energía.[1] Todos nos hemos sentido así en algún momento. Cuando nos vemos obligados a ceder ante alguien que nos manipuló para confundirnos, hacernos perder el equilibrio o ponernos en evidencia, de pronto nos sentimos desinflados. Y nuestra tendencia natural es tratar de recuperar la energía del dominador, en general por todos los medios necesarios.

Este proceso de dominación psicológica se observa en todas partes y es la fuente tácita de todo conflicto irracional en el mundo humano, desde el nivel de los individuos y las familias hasta las culturas y las naciones. Por lo tanto, si miramos la sociedad de una manera realista vemos que es un mundo que compite por la energía, donde unas personas manipulan a otras en formas muy ingeniosas (y en general inconscientes). A la luz de esta nueva comprensión del universo, también podemos ver que la mayoría de las manipulaciones que se utilizan en este sentido, la mayoría de los "juegos de la gente", son consecuencia de supuestos de vida básicos. En otras palabras, forman el campo de intención del individuo.

Cuando entramos en interacción con otro ser humano, debemos tener presente todo esto. Cada persona es un campo energético que consiste en un conjunto de supuestos y creencias que se irradian hacia afuera e influyen en el mundo. Esto incluye creencias sobre lo que un individuo piensa sobre otros y cómo imponerse en la conversación.

Cada uno tiene un conjunto de supuestos y un estilo de interacción únicos en este sentido, que yo he denominado "dramas de control". Considero que estos "dramas" se desarrollan en un *continuum* que va desde lo muy pasivo a lo muy agresivo.

El pobre de mí

El más pasivo de los dramas de control es la estrategia de la víctima, o lo que he dado en llamar Pobre de Mí. En este drama, en vez de competir directamente por la energía, la persona trata de ganar deferencia y atención a través de una manipulación de la simpatía.

Siempre podemos reconocer cuándo entramos en el campo energético de un Pobre de Mí porque nos vemos arrastrados de inmediato a un tipo de diálogo particular en el que perdemos nuestro centro. De pronto empezamos a sentirnos culpables sin motivo, como si la otra persona nos hubiera puesto en ese papel. El individuo puede decir: "Bueno, esperaba que ayer me llamaras, pero no lo hiciste", o: "Me pasaron un montón de cosas horribles y no apareciste". Podría agregar incluso: "Están a punto de pasarme estas otras cosas horribles y es probable que tampoco entonces estés".

Según el tipo de relación que tengamos con la otra persona, las frases pueden girar en torno de una amplia gama de temas. Si se trata de un socio en el trabajo, el contenido puede referirse al hecho de que está abrumado por todo lo que debe hacer y los plazos que debe cumplir, situación en la que usted no presta ninguna ayuda. Si la persona es una relación casual, es posible que entable una conversación sobre cuán espantosa que es la vida en general. Existen docenas de variantes, pero el tono y la estrategia básicos son los mismos. Siempre es algún tipo de esfuerzo por conseguir simpatía y la afirmación de que usted es de alguna manera responsable.

La estrategia obvia en el drama del Pobre de Mí consiste en hacernos perder el equilibrio y obtener nuestra energía creando una sensación de culpa o duda de nuestra parte. Al aceptar esa culpa, nos detenemos y, a través de los ojos de esa persona, miramos su mundo. Al hacerlo, la persona logra sentir la inyección de nuestra energía sumada a la suya y así se siente más segura.

Recuerde que este drama es casi por completo inconsciente. Surge de una visión del mundo personal y de una estrategia para controlar a los otros adoptada en la infancia temprana. Para el Pobre de Mí, el mundo es un lugar donde no puede contar con los otros para que satisfagan sus necesidades de cuidado y bienestar, y es un lugar muy aterrador para arriesgarse a ocuparse de esas necesidades de manera directa o decidida. En el mundo del Pobre de Mí, la única manera razonable de actuar consiste en esforzarse por obtener simpatía mediante inducción de culpa y detección de ofensas.

Por desgracia, debido al efecto que surten en el mundo estas creencias e intenciones inconscientes, a menudo el Pobre de Mí deja entrar en su vida exactamente al tipo de personas abusivas que teme. Y los hechos que les ocurren en general son traumáticos. El universo responde produciendo el tipo de mundo que la persona espera, y de ese modo el drama siempre es circular y se autovalida. El Pobre de Mí queda atrapado sin saberlo en una trampa viciosa.

Cómo tratar al Pobre de Mí

Al tratar con el Pobre de Mí, lo importante es tener presente que el propósito del drama es obtener energía. Al hablar con el Pobre de Mí debemos partir de la disposición de darle conscientemente energía; ésa es la manera más rápida de quebrar el drama. (Enviar energía es un proceso preciso que trataremos en el Capítulo 9.)

Luego debemos considerar si la inducción de culpa está justificada. Por cierto, hay muchísimos casos en nuestra vida en los que deberíamos estar preocupados porque abandonamos a alguien o sentir simpatía por una persona que se encuentra en una situación difícil. Pero somos nosotros quienes debemos determinar esas realidades, no otro. Sólo nosotros podemos decidir hasta qué punto y cuándo somos responsables de ayudar a alguien en la necesidad.

Una vez que le dimos energía a un Pobre de Mí y determinamos que estamos enfrentando un drama de control en acción, el siguiente paso es identificar el juego, o sea, que el drama de control pase a ser el tema de conversación.[2] Ningún juego inconsciente puede sostenerse si es llevado a la conciencia y puesto sobre el tapete para su discusión. Esto puede hacerse con una afirmación como: "Me parece que piensas que debería sentirme culpable".

Aquí debemos estar preparados para proceder con coraje, porque si bien estamos tratando de abordar la situación con honestidad, es posible que la otra persona interprete lo que decimos como un rechazo. En ese caso, la reacción típica podría ser: "Oh, bueno, ya sabía que yo no caigo bien". En otros casos, la persona puede sentirse insultada y furiosa.

Es muy importante, en mi opinión, pedirle a la persona que escuche y continuar la conversación. Pero esto sólo funciona si durante toda la conversación seguimos dándole energía a esa persona. Por sobre todo, debemos perseverar si queremos que la calidad de la relación mejore. En el mejor de los casos, la persona oirá lo que decimos al señalar el drama y podrá abrirse a un estadio superior de conciencia personal.

El distante

Un drama ligeramente menos pasivo es el drama del Distante. Sabemos que ingresamos en el campo energético de alguien que usa esta estrategia cuando empezamos una conversación y nos damos cuenta de que no podemos obtener una respuesta directa. La persona con la que hablamos es distante, indiferente, críptica en sus respuestas. Si le hacemos preguntas sobre su historia personal, por ejemplo, obtenemos un resumen muy vago, como: "Estuve viajando un poco", sin mayor elaboración.

Al tener esa conversación, sentimos que debemos hacer una pregunta de seguimiento hasta para la averiguación más simple. Tal vez debamos decir: "Bueno, ¿adónde viajaste? Y recibimos la respuesta: "A muchos lugares".

Aquí vemos con claridad la estrategia del Distante. La persona crea de modo constante un aura vago y misterioso a su alrededor, obligándonos a poner energía para obtener información que normalmente se comparte de manera informal. Al hacerlo, nos concentramos con intensidad en el mundo de la persona, mirando a través de sus ojos, con la esperanza de comprender su historia, y así le damos la inyección de energía que desea.

Debemos recordar, no obstante, que no todos los que son vagos o se niegan a dar información sobre sí mismos están usando el drama del Distante. Simplemente pueden querer mantener el anonimato por alguna otra razón. Toda persona tiende derecho a la privacidad y a compartir con otros sólo lo que quiere.

Sin embargo, usar esta estrategia de distanciamiento para obtener energía es algo por entero distinto. Para el Distante es un método de manipulación que trata de seducirnos y al mismo tiempo mantenernos a distancia. Si llegamos a la conclusión de que una persona sencillamente no quiere hablarnos, por ejemplo —y entonces desviamos la atención a otra parte—, muchas veces el Distante vuelve a entrar en interacción con nosotros diciendo algo pensado para volver a hacernos interactuar y de esa manera lograr que la energía siga fluyendo hacia él.

Igual que con el Pobre de Mí, la estrategia del Distante proviene de situaciones del pasado. En general, el Distante no podía comunicarse libremente cuando era chico porque hacerlo resultaba peligroso o amenazador. En ese tipo de ambiente, el Distante aprendió a ser siempre vago en la comunicación con los demás, obteniendo al mismo tiempo una forma de ser escuchado para absorber la energía de otros.

Igual que con el Pobre de Mí, la estrategia del Distante es un conjunto de supuestos inconscientes sobre el mundo. El Distante cree que el mundo está lleno de personas a las que no se puede confiar información íntima. Piensa que la información será usada en su contra más adelante o que será motivo de crítica. Y, como siempre, estas suposiciones salen del Distante y modelan el tipo de hechos que ocurren, satisfaciendo la intención inconsciente.

Cómo tratar al Distante

Para tratar de modo eficaz a alguien que usa el drama del Distante, una vez más debemos acordarnos de empezar por enviar energía. Al enviar amor y energía en vez de ponernos a la defensiva, aliviamos la presión de continuar la manipulación. Sin la presión, podemos volver a empezar, identificando el juego y llevando el drama a la conciencia, al convertirlo en el tema de conversación.

Como antes, podemos esperar una de dos reacciones. Primero, el Distante puede huir de la interacción y cortar toda comunicación. Obviamente, éste es siempre el riesgo que hay que correr, porque decir algo significa seguir jugando el juego. En ese caso, lo único que nos queda es esperar que nuestra franqueza genere un nuevo modelo que lleve a una concientización.

La otra reacción del Distante puede ser mantenerse en comunicación pero negar que es distante. En ese caso, como siempre, debemos considerar que lo que la otra persona dice puede ser cierto. No obstante, si estamos seguros de nuestra percepción, debemos recuperarnos rápido y continuar el diálogo con la persona. De la conversación, con suerte, podrá surgir un nuevo patrón de comportamiento.

EL INTERROGADOR

Un drama de control más agresivo que invade la sociedad moderna es el del Interrogador. En esta estrategia de manipulación se usa la crítica para obtener energía de los demás.

En presencia de un interrogador, siempre tenemos la

sensación clara de que nos están inspeccionando. Al mismo tiempo, podemos sentir que nos endilgan el papel de alguien torpe o incapaz de manejar su propia vida.

Sentimos esto porque la persona con la cual interactuamos nos arrastró a una realidad en la que siente que la mayoría de las personas comete errores enormes con su vida y ella debe corregir la situación. Por ejemplo, el Interrogador puede llegar a decir: "En realidad, no te vistes de acuerdo con el tipo de trabajo que tienes", o: "Noté que no tienes tu casa muy prolija". Con igual facilidad, la crítica puede apuntar a cómo hacemos nuestro trabajo, la forma en que hablamos o una amplia gama de características personales. En realidad no importa. Cualquier cosa dará resultado en la medida en que la crítica nos haga perder el equilibrio o nos haga sentir inseguros de nosotros mismos.

La estrategia inconsciente del Interrogador consiste en señalar algo sobre nosotros que nos haga pensar, con la esperanza de que aceptemos la crítica y adoptemos su visión del mundo. Cuando esto sucede, empezamos a ver la situación a través de los ojos del Interrogador y con ello le damos energía. El objetivo del Interrogador es convertirse en juez dominante de la vida de otras personas para que, en cuanto empiece la interacción, los demás se remitan a su visión del mundo y aporten un flujo constante de energía.

Al igual que los otros dramas, éste deriva de supuestos proyectados acerca del mundo. Esta persona cree que el mundo no es seguro y ordenado a menos que ella controle el comportamiento y la actitud de todos y haga correcciones. En este mundo, el Interrogador es el héroe, el único que presta atención y cuida que las cosas se hagan con prolijidad y perfección. En general, el Interrogador proviene de una familia en la que las figuras paternas estuvieron ausentes o poco atentas a sus necesidades. En este vacío inseguro de energía, el Interrogador logró atención y energía de la única manera posible: señalando los errores y criticando el comportamiento de la familia.

Cuando el niño crece, lleva consigo estas suposiciones sobre cómo es el mundo y cómo es la gente, y estas suposiciones a su vez generan ese tipo de realidad en la vida del Interrogador.

Cómo tratar al Interrogador

Para tratar al Interrogador la cuestión es que nos mantengamos lo bastante centrados como para decirle cómo nos sentimos en su presencia. Una vez más, la clave radica en no adoptar una postura defensiva y enviar energías afectuosas al explicar que nos sentimos cuestionados y criticados por él.

El Interrogador también puede tener varias reacciones distintas. Primero, puede negar su actitud crítica, incluso frente a ejemplos concretos. De nuevo, debemos considerar la posibilidad de estar equivocados y oír reproches cuando no era ésa nuestra intención. Por otro lado, si estamos seguros de nuestro punto de vista, lo único que podemos hacer es explicar nuestra posición, esperando que pueda surgir un auténtico diálogo.

Otra reacción que puede tener el Interrogador es la de dar vuelta el tablero y acusarnos de críticos. Si ocurre esto, debemos considerar otra vez si la acusación es cierta. De todos modos, si, como antes, vemos que no es así, debemos volver a nuestro argumento de cómo nos hace sentir la otra persona cuando estamos en su presencia.

Una tercera reacción que podría mostrar el Interrogador es

sostener que las críticas son válidas y deben hacerse y que estamos evitando enfrentar nuestros propios defectos. Nuevamente, debemos considerar si la afirmación es cierta, pero si estamos seguros de nuestra posición, podemos dar varios ejemplos para mostrar que las críticas del Interrogador fueron innecesarias o inadecuadas.

Todos enfrentamos situaciones en las que sentimos que los demás están haciendo algo que no les conviene. Tal vez pensemos que deberíamos intervenir para señalar el error. El factor clave aquí es cómo intervenimos. Estamos aprendiendo, creo yo, a hacer afirmaciones modestas, como: "Si mis neumáticos estuvieran así de gastados, yo compraría un juego nuevo", o: "Cuando me tocó estar en una situación como la tuya, dejé el trabajo antes de conseguir otro y después lo lamenté".

Hay maneras de intervenir que no sacan a la persona de su punto de vista centrado ni menoscaban su confianza, como hace el Interrogador, a quien hay que explicar esta diferencia. Una vez más, la persona puede preferir cortar la relación antes que escuchar lo que decimos, pero es un riesgo que debemos correr para mantenernos fieles a nuestra propia experiencia.

El intimidador

El drama de control más agresivo es la estrategia del Intimidador. Nos damos cuenta de que entramos en un campo energético de una persona así porque no sólo nos sentimos consumidos o incómodos, sino que nos sentimos inseguros, en peligro incluso.

El mundo pasa a ser ominoso, amenazador, descontrolado. El Intimidador dice y hace cosas que indican que puede tener un arranque de rabia o violencia en cualquier momento. Puede contar historias sobre daños hechos a otros o mostrarnos el grado de su furia rompiendo muebles o arrojando objetos por el cuarto.

La estrategia del Intimidador consiste en llamar nuestra atención y de ese modo obtener energía creando un medio en el que nos sentimos tan amenazados que nos concentramos por entero en él. Cuando alguien da la impresión de que puede perder el control o hacer algo peligroso en cualquier instante, la mayoría de nosotros lo observamos con atención. Si estamos manteniendo una conversación con una persona así, en general nos remitimos con rapidez a su punto de vista. Por supuesto, cuando vemos a través de sus ojos, tratando de discernir lo que puede llegar a hacer (para mantenernos a salvo) recibe la inyección de energía que es lo que más necesita.

Esta estrategia de intimidación en general se desarrolla en un medio anterior de gran carencia de energía donde predominan relaciones con otros Intimidadores que son dominantes y abusivos y donde no funciona ninguna otra estrategia para recuperar la energía. La inducción de culpa, como en el caso del Pobre de Mí, no funciona; a nadie le importa. Por cierto, nadie se da cuenta si alguien se hace el Distante. Y cualquier intento de ser Interrogador choca contra ira y hostilidad. La única solución es soportar la falta de energía hasta llegar a ser lo bastante grande como para intimidar por derecho propio.

El mundo que ve el Intimidador es de violencia y hostilidad a diestra y siniestra. Es un mundo en el que está perdido en total aislamiento, donde todos rechazan y a nadie le importa: exactamente lo que estas suposiciones llevan a la vida del Intimidador una y otra vez.

Cómo tratar al Intimidador

Enfrentar a un Intimidador es un caso especial. Debido al peligro evidente, en la mayoría de los casos es mejor apartarse de su presencia. Si alguien mantiene una relación duradera con un Intimidador, lo mejor es en general poner la situación en manos de un profesional. El plan de acción terapéutica se parece mucho, desde luego, al de los otros dramas. El éxito con un individuo de este tipo en general implica hacerlo sentir a salvo, brindarle una energía solidaria y llevar a la conciencia la realidad de su drama. Por desgracia, sigue habiendo muchos Intimidadores que no reciben ninguna ayuda y que viven alternando estados de miedo y rabia.

Muchos de estos individuos terminan en el sistema de justicia criminal y son individuos a los que es prudente mantener alejados de la sociedad. Pero un sistema que los mantiene encerrados sin intervención terapéutica y luego los deja salir otra vez no comprende ni ataca la raíz del problema.[3]

SUPERAR NUESTRO DRAMA DE CONTROL

La mayoría de nosotros, a lo largo de la vida, oímos distintas quejas de los demás sobre nuestros patrones de conducta. La tendencia humana es ignorar o racionalizar dichas quejas para seguir adelante con nuestro estilo de vida preferido. Aun ahora que el conocimiento de los libretos y hábitos autoengañadores está convirtiéndose en una parte más importante de nuestra conciencia humana, nos cuesta mucho ver de manera objetiva nuestro comportamiento personal.

En el caso de dramas de control graves en los que una persona buscó ayuda profesional, reacciones de crisis pueden echar por tierra años de avance y crecimiento en terapia al reaparecer viejos patrones que uno creía superados. De hecho, una de las revelaciones que están surgiendo entre los terapeutas profesionales es que el verdadero progreso requiere mucho más que la catarsis que se produce durante la exploración personal de los traumas infantiles.[4] Ahora sabemos que, para terminar con estos intentos inconscientes de adquirir energía y seguridad, debemos concentrarnos en el fundamento existencial más profundo del problema y mirar más allá de la comprensión intelectual para buscar una nueva fuente de seguridad que pueda funcionar con independencia de las circunstancias externas.

Me refiero aquí a un tipo diferente de catarsis, que los místicos han señalado a lo largo de la historia y del que cada vez oímos hablar más. Al saber qué hacer respecto de las competencias por la energía en la sociedad humana, nuestro desafío consiste en mirarnos con más atención a nosotros mismos para identificar nuestro conjunto particular de supuestos y las intenciones que constituyen nuestro drama y encontrar otra experiencia que nos permita abrirnos a la energía que llevamos dentro.

6

LA EXPERIENCIA DE LO MÍSTICO

La idea de la experiencia mística se introdujo en la conciencia masiva de la cultura occidental a fines de la década de los 50, sobre todo como consecuencia de la divulgación de las tradiciones hinduista, budista y taoísta por parte de escritores y pensadores como Carl Jung, Alan Watts y D. T. Suzuki.[1] Esta difusión continuó en décadas posteriores con una multitud de trabajos, entre ellos los de Paramahansa Yogananda, J. Krishnamurti y Ram Dass,[2] que afirmaron la existencia de un encuentro interior místico que puede experimentarse en forma individual.

Durante esas mismas décadas, un vasto público popular empezó a interesarse por la rica tradición esotérica de espiritualidad que tenemos también en Occidente. Los pensamientos de San Francisco de Asís, Meister Eckhart, Emanuel Swedenborg y Edmund Bucke despertaron interés porque todos estos pensadores, como los místicos orientales, afirman la existencia de la transformación interior.[3]

Creo que hemos llegado por fin a un punto en que la idea

de una experiencia personal trascendente —llamada iluminación, *nirvana*, *satori*, trascendencia o conciencia cósmica— alcanzó un nivel significativo de aceptación; ya forma parte integrante de nuestra nueva conciencia espiritual. Como cultura, hemos comenzado a aceptar los encuentros místicos como algo real y accesible a todos los seres humanos.

PASAR DE LA IDEA A LA EXPERIENCIA

Como cultura, en Occidente iniciamos nuestro análisis de la experiencia mística con largas discusiones y especulaciones intelectuales. Necesitábamos familiarizarnos con conceptos nuevos y luchábamos por encontrar una forma personal de integrar esas nociones con nuestra idea occidental de lo que es real. Esas conversaciones estimularon nuestro interés y arrojaron nueva luz sobre nuestras ideas espirituales abstractas, sobre conceptos tales como "comunión con Dios", "buscar el reino interior" y "renacer".

No obstante, en cierto modo, las discusiones se mantenían en el ámbito de la aceptación abstracta del hemisferio cerebral izquierdo.[4] Pese a que muchos intuían la posibilidad de dichos encuentros, sólo unos pocos experimentaban verdaderos momentos de trascendencia. No obstante, las divulgaciones continuaban y, en mi opinión, hemos ido acercándonos cada vez más a la actualización popular de esta experiencia. Ahora oímos hablar de descripciones personales precisas de encuentros místicos no sólo en libros o conferencias, sino de personas que conocemos. A raíz de esto, la idea está convirtiéndose en una realidad vivida, afirmada en otros y expresada con una coherencia que nos dice que la experiencia interior trascendente es algo que ocurre realmente a personas reales.

Esto nos está ayudando a alcanzar un nuevo nivel de honestidad, en especial con nosotros mismos. Si miramos hacia adentro y nos damos cuenta de que todavía no tuvimos un encuentro así, nuestra búsqueda de la experiencia trascendente puede pasar a ser una prioridad. Y pienso que también nos damos cuenta de que el encuentro interior transformador puede ocurrir de muchos modos, por muchas vías.

Lo importante no es la religión, la práctica o la actividad particular que nos lleva hasta allí, sino la percepción mística aumentada que constituye su destino. Es esta experiencia en sí la que expande nuestra conciencia y nos baña en una sensación de seguridad, bienestar y claridad nunca soñada antes de que ocurriera.

La trascendencia experimentada en el deporte

Todo el mundo habla de la experiencia de "zona" que puede lograrse en las actividades deportivas y recreativas. Durante esta experiencia sentimos un cambio en el nivel de conciencia que comienza en general con una sensación de inmersión total en la acción. Sentimos diferente el cuerpo como si se moviera con más eficiencia, con más gracia, más al unísono con nuestro objetivo.

En vez de ser una parte separada de la actividad, de observar la acción y reaccionar en consecuencia, empezamos a sentirnos parte del flujo, parte de movimiento integral, como si supiéramos de antemano qué va a pasar, adónde irá la pelota, qué harán los otros jugadores. De esa manera, reaccionamos espontáneamente, en concierto, para estar en el lugar indicado en el momento justo.

Muchas veces el tiempo empieza a cambiar, se desacelera. En los estados ordinarios, en general tenemos la sensación de que el juego va muy rápido, de que nos estamos apurando constantemente para ponernos al día, de que luchamos por adelantarnos. Pero en la zona —o durante una experiencia pico— tenemos la sensación de que el tiempo disminuye la velocidad a la vez que nuestra conciencia se eleva hasta un punto de vista más alto, más omnipotente. En este estado, nos parece que tenemos todo el tiempo del mundo para golpear la pelota o saltar para el rebote. Cuando observamos a los atletas que juegan en este nivel, sentimos que desafían la gravedad, que quedan suspendidos en el aire más tiempo del que parece posible y hacen movimientos espectaculares que los llevan instantáneamente a una nueva posición.

En las últimas dos décadas han aparecido muchos libros que describen el aspecto interno de cada deporte y esto es en particular cierto en el caso del golf. *Golf in the Kingdom,* de Michael Murphy, vendió más de un millón de ejemplares porque describe perfectamente la experiencia interior asociada a este deporte.[5] Creo que la creciente popularidad del golf en el mundo entero se debe a los desafíos y gratificaciones especiales de este juego. Debemos aprender de alguna manera a golpear una pelotita blanca, de apenas dos centímetros y medio de diámetro, con un palo cuyo extremo no es mucho más grande que la bola en sí. Los defensores del golf a menudo insisten en que es el más difícil de todos los juegos, precisamente por esa razón. Sin duda, en el golf tratamos de golpear una pelota que no se mueve, pero esto crea de por sí una dificultad más: estamos solos con nosotros mismos, enfrentando la presión del largo balanceo y el camino relativamente estrecho hasta un objetivo distante. En otros juegos, el ritmo de la acción y el movimiento de la pelota pueden hacernos estar dispersos y mantenernos en un patrón de reacción. En las canchas de golf, debemos combatir en forma constante los efectos perjudiciales del miedo, la rigidez y el pensar demasiado, teniendo que comenzar a la vez el lanzamiento desde una posición inmóvil.

Tal vez sea ese desafío interior lo que torna tan grande el atractivo del golf y tan identificable la experiencia de zona una vez que la alcanzamos. El estado anímico en el cual el cuerpo toma la delantera y comienza a trabajar sin esfuerzo y sentimos que lanzamos la bola a su blanco es inconfundible.

La danza y las artes del movimiento

Todos hemos visto bailarines que parecen flotar en el aire y artistas marciales que realizan actos de coordinación total. Estas actividades representan otro camino a través del cual los individuos señalan haber alcanzado una experiencia trascendente. Como los derviches tradicionales de la orden Sufi islámica, que bailan haciendo giros, muchas formas de danza nos sacan de nuestra conciencia ordinaria y nos conectan con una conciencia interior espiritual más elevada.

Los bailarines hablan de la misma sensación de conciencia expandida que experimentan otros con los deportes, en especial un sentido de coordinación muscular máxima. Además, muchos señalan una suerte de experiencia de éxtasis durante una danza de forma libre donde los movimientos son espontáneos y el pensamiento es relegado al segundo plano. Durante esos momentos, nos parece que somos la danza, que expresamos un aspecto interior de nuestro ser que sentimos como un yo superior.

Las artes marciales conciben estas experiencias en términos de cultivar un grado más elevado de energía espiritual y usarla en el acto del movimiento y las hazañas de fuerza. A través de la atención y el movimiento reiterados, estas prácticas nos llevan de manera gradual a un abandono consciente de las maneras comunes de concentrarnos y de ser.

ORACIÓN Y MEDITACIÓN

La oración y la meditación, dos de los caminos más tradicionales, desembocan a menudo en la experiencia de la transformación interior. Todas las religiones importantes del mundo usan alguna de estas formas de comunicación con lo divino. En general, cuando rezamos invocamos por alguna razón a un divino creador o fuerza, pedimos ayuda, guía o misericordia en un sentido activo. Tenemos en mente algo que queremos. Pero también rezamos por la pura experiencia de comunión o conexión.

Cuando se practica en este último sentido, la oración se parece mucho a la meditación: calma la mente, aparta la charla del ego, busca una conexión más elevada. Algunas tradiciones religiosas sugieren utilizar un *mantra* (palabras o sonidos repetidos que invocamos o en los que nos concentramos) para asistir estos esfuerzos. Cuando surgen otros pensamientos, la persona que medita sabe que debe dejarlos pasar y volver a un punto de atención en el *mantra* y a la quietud de la meditación. En algún punto, los pensamientos desordenados empiezan a ceder y la persona se sumerge más en la relajación hasta que la sensación del yo ordinario comienza a expandirse hacia la experiencia de trascendencia.

Tanto la oración activa como la meditación pueden desembocar en una experiencia interior transformadora en la que percibimos nuestra conexión con lo divino como el éxtasis de ser uno con todo el universo.

SITIOS SAGRADOS

De todos los caminos de la experiencia mística interior, es posible que el cambio de conciencia que a veces se produce en lugares sagrados o naturales de la tierra sea el más misterioso. Por supuesto, en cierto sentido, todos los lugares de nuestro planeta son sagrados y la transformación mística puede producirse en cualquier parte. Sin embargo, a lo largo de la historia algunos lugares resultaron especialmente propicios para esos estados de conciencia mística.

En general, estos sitios tienen características físicas muy específicas. En primer lugar, son casi siempre increíblemente bellos. Pueden tener cascadas, enormes bosques o largas perspectivas a través de cimas de roca pura y desierto. O pueden estar animados por objetos o ruinas que contienen la energía de pueblos antiguos. Sea como fuere, parte de la majestuosidad y el ser físico del lugar eleva y amplía nuestra conciencia interior.

Lo único que debemos hacer es entrar en el lugar y, si mostramos aunque más no sea un mínimo de apertura, empezamos a sentirnos distintos, más que lo que somos. Nos sentimos físicamente aunados con todo lo que nos rodea y con toda la creación, una sensación que nos llena de seguridad interior, bienestar y sabiduría.

Cómo localizar lugares sagrados

Casi todos conocemos los sitios místicos famosos, como Stonehenge, las Grandes Pirámides, el Gran Cañón y Machu Picchu, pero los sitios sagrados no necesitan ser famosos; pueden encontrarse en estados y localidades de todo el mundo. Muchos fueron establecidos por los pueblos nativos en su arte y su folclore. Otros, en cambio, nunca fueron indicados ni documentados en nuestra época y permanecen inalterados en las pocas regiones salvajes que quedan en el mundo.

Por eso deben ser redescubiertos por usted y yo, una búsqueda que para mí ya está en marcha. En la mayoría de los casos hay alguien que por lo menos intuye dónde están estos lugares especiales y quién podría servir de potencial protector. Si usted no sabe dónde puede haber sitios especiales en su región, le sugiero que verifique primero con los grupos locales de ciudadanos mayores o con personas de edad que conozca. En general encontrará muchísima información y a veces testimonios sobre el poder de un sitio local. También puede llegar a entristecerse con las historias de zonas especiales que fueron destruidas con negligencia por la tala, los trabajos de minería o por proyectos de construcción mal planeados.

Otra forma de localizar estos sitios especiales consiste en visitar el parque nacional o estatal o el bosque nacional más cercano y mirar con sus propios ojos. Detrás de una simple colina podría llegar a encontrar un lugar de un poder increíble para usted. Permanezca un tiempo y constate qué le sucede.

Le conviene también estar en guardia frente a las amenazas a estas zonas, pues las están destruyendo a un ritmo muy rápido. En los Estados Unidos, hasta en nuestras tierras públicas el Congreso sigue permitiendo que empresas multinacionales talen algunas de las regiones donde todavía quedan árboles de cientos de años. La mayoría de los ciudadanos no son conscientes de este sistema de ventajas empresarias a costa de la herencia para nuestros hijos.

EVALUACIONES DE LA EXPERIENCIA MÍSTICA

Cuando la sincronicidad nos lleva a dar el siguiente paso a la experiencia mística directa, todos superamos la tentación de simplemente intelectualizar este pasaje. Estar felices con la idea de la transformación mística, sentirnos intrigados por ella, tenerla presente, todo eso está muy bien como primer paso. Pero, como todos empezamos a reconocerlo, creer intelectualmente no es lo mismo que vivir de veras la experiencia.

Vuelvo a mencionarlo porque el viejo paradigma materialista constantemente nos hace pensar, analizar y relacionarnos con los lugares y las cosas desde esa perspectiva. Resulta obvio que nadie está calificado para evaluar si experimentó esa apertura interior a lo divino, excepto usted mismo. Por eso la experiencia ha sido siempre tan esquiva y misteriosa. Lo que estamos buscando es algo más que la apreciación intelectual de la belleza de un sitio especial o la cómoda relajación de la oración y la meditación o la euforia del éxito con un juego.

Todos debemos encontrar esa experiencia espiritual que nunca sentimos antes y que expande nuestro sentido del yo desde el interior, que transforma nuestra comprensión respecto de quiénes somos y nos abre a la inteligencia que hay detrás del universo. Por eso muchas veces debemos esperar hasta tener la experiencia en sí para saber con exactitud en qué consiste. Hasta entonces no contamos con ningún ejemplo real de cómo nos afectará.

No obstante, creo que hablar sobre la experiencia real trascendente es útil en este sentido. Los místicos siempre han sostenido que la experiencia de lo absoluto que puede describirse no es la experiencia real, y creo que es cierto. Por otro lado, parece haber evaluaciones compartidas para una experiencia de ese tipo que están surgiendo en la conciencia humana y que pueden guiarnos por el camino y ayudarnos a decidir si la experiencia en realidad está sucediendo.

LA SENSACIÓN DE LEVEDAD

Uno de los criterios que podemos aplicar es la sensación de levedad. Durante una experiencia mística, en vez de tener que luchar contra la gravedad, apartándonos de la Tierra con los pies cuando estamos parados o caminamos, empezamos a sentirnos como nos sentimos cuando vamos en un ascensor rápido para abajo. Disminuye nuestra sensación de ser pesados y empezamos a adquirir la sensación de estar casi flotando.

Este fenómeno se presenta en la experiencia mística, ya sea durante la oración, la meditación, el baile o cualesquiera de los otros caminos. Podemos estar en una posición del yoga o practicando *tai ch'i* o caminando hacia un lugar de gran belleza cuando de pronto la percepción de nuestro cuerpo empieza a cambiar. Sentimos una energía que empieza a llenarnos desde el interior, y al mismo tiempo afloja la rigidez y la tensión dentro de nuestros músculos. También se modifica nuestro sentido del movimiento. En vez de movernos con la sensación de que músculos individuales empujan hacia fuera contra el piso o el suelo, todo el cuerpo empieza a moverse desde una posición central en el torso.

Cuando nos levantamos o caminamos, mover las piernas y los brazos nos exige menos esfuerzo porque la energía para hacerlo emana ahora de esta fuente central. De hecho, el poder de esa energía nos da la sensación de que estamos flotando o planeando sobre el suelo. Esto explica por qué las disciplinas del movimiento como el yoga, la danza y las artes marciales son tan propicias para la trascendencia interior. Nos permiten experimentar la gravedad de otra manera, poner al descubierto la energía que hay adentro, y cuando sale plenamente nos sentimos expandidos hasta tal punto que nuestros cuerpos empiezan a moverse en una postura perfecta. La cabeza se levanta y se extiende al máximo sobre la columna. Sentimos más fuerte la espalda, recta gracias a su propia energía, no debido a un esfuerzo muscular intencional.

La sensación de levedad es, por lo tanto, un indicio preciso de experiencia mística. Es algo que podemos medir; sabemos que al alcanzar lo trascendente empezamos a sentirnos más vigorosos, como si un canal de energía espiritual hubiera empezado a inflarnos desde adentro.

El sentido de proximidad y conexión

Otro cambio conocido en la conciencia que se produce durante una experiencia interior trascendente se refiere al grado de proximidad que sentimos con los objetos que nos rodean. Con "proximidad" quiero significar que todo de pronto parece estar más cerca de nosotros. Esto puede ocurrir en cualquiera de las vías a lo místico mencionadas, pero su efecto se ve aumentado cuando estamos en una zona en la que podemos ver a lo lejos.

Dentro de este marco, una nube distante flotando en el cielo de golpe se vuelve más pronunciada en nuestra conciencia. En vez de formar parte del paisaje chato, sin ningún interés particular para nuestra conciencia, la nube ahora se destaca con un nuevo sentido de forma y presencia. De pronto la sentimos más cerca, como si pudiéramos estirarnos y tocarla con la mano. En este estado, otros objetos parecen más cercanos también: una montaña distante, árboles sobre una pendiente, torrentes en el valle. Todos estos objetos parecen tener ahora una mayor presencia y relación pese a estar muy alejados. Se nos vienen encima, literalmente, y requieren nuestra atención.

Esta percepción guarda relación con la descripción mística común de experimentar una sensación de unidad con todas las cosas. Al mirar nuestro medio ambiente mientras estamos en este nivel de conciencia, todo lo que percibimos nos parece parte de nosotros mismos, aunque no en el sentido de relacionarnos con las cosas del mundo viendo a través de sus ojos. Tal como señala Alan Watts, esta experiencia consiste más bien en sentir que todo lo que nos rodea es parte de nuestro yo cósmico más amplio y ahora está viendo a través de nuestros ojos.[6]

UN SENTIDO DE SEGURIDAD, ETERNIDAD Y AMOR

Ya hablamos de los importantes hallazgos tanto de los místicos como de los psicólogos de las profundidades: los seres humanos tienden a estar inseguros y ansiosos en el mundo, separados de la fuente interior de su ser. La vida captada con plena conciencia existencial es a menudo ominosa y está llena de presagios; la presencia de la muerte resulta amenazadora. Frente a esta ansiedad, como ya vimos, la humanidad actuó de dos maneras históricas. Una es que nos volvimos inconscientes y empujamos la realidad de nuestra inseguridad bien al fondo creando una cultura rica con mucha actividad, muchas diversiones y sentido heroico. Por eso la era moderna, por ejemplo, se sumergió en preocupaciones materiales y seculares dejando de lado todo lo que nos recordaba los misterios de la existencia.

En el nivel personal, tratamos de resolver nuestra inseguridad intentando dominar a otros seres humanos, ya sea de manera pasiva o agresiva, recibiendo así lo que ahora sabemos que es la energía espiritual de la otra persona, que nos hizo sentir más plenos y seguros durante un tiempo. Los dramas de control comunes son modos que la mayoría de nosotros manipulamos para obtener esa energía. Sin embargo, debemos recordar que los dramas funcionan porque nos falta energía, estamos apartados de la fuente.

La apertura mística interior resuelve esta inseguridad existencial. Por lo tanto, un indicio clave para este estado es la sensación de elevación y euforia. Al abrirnos a la energía interior divina, tenemos la certeza de que la vida es eterna y espiritual. Esto deriva de la percepción de que formamos parte del gran orden del universo. No sólo somos eternos sino que estamos protegidos, incluidos, colaboramos incluso en el gran plan que es la vida en la Tierra. Y si estamos atentos al sentido de bienestar y de seguridad que penetra en nosotros, podemos ver que nos sentimos a salvo porque estamos llenos de una fuerte emoción que impulsa todas las otras emociones; estamos imbuidos de un gran sentido de amor.

El amor es, por supuesto, el indicio más conocido de la trascendencia interior. Sin embargo, es un amor distinto del amor humano con el que estamos familiarizados. Todos hemos experimentado un tipo de amor que requiere un objeto de concentración; padre, cónyuge, hijo o amigo. El amor que es una medida de la apertura trascendente es de otro tipo. Es un amor que existe sin un punto de atención pensado y se convierte en una constante penetrante que mantiene a todas las demás emociones en su contexto.

EL RECUERDO DE NUESTRAS EXPERIENCIAS

Considero que estas señales identificables de la experiencia trascendente son positivas en dos sentidos. Primero, nos ayudan en nuestra búsqueda de la experiencia mística real. No de antemano, ya que para ingresar en lo trascendente debemos abandonar el intelecto, sino después, al evaluar si de hecho accedimos a este nivel de conciencia.

En segundo lugar, las señales nos ayudan a integrar esta experiencia trascendente en nuestra vida cotidiana. Las experiencias místicas son muy fugaces y se desvanecen tan rápido como comienzan. Después debemos participar en la disciplina de una práctica, una forma de orar, de meditar o movernos regularmente que apunte a volver a la euforia del estado místico y tomarla como base.

Cada día debemos recordar cómo nos sentimos, evocando cada una de las señales y luego adoptarlas, quererlas, integrarlas en nuestra vida. Como veremos más adelante, no podemos salir por completo de los dramas de control en los que caemos o enfrentar nuestras propias manipulaciones hasta no tener suficiente energía y seguridad interior. Esto es algo que sólo la experiencia mística puede darnos y luego debemos recordar el nivel de conciencia que sentimos.

Con el primer movimiento que hacemos al salir de la cama por la mañana, podemos recordar las señales y acercarnos todo lo posible a la conciencia original. Recuerde la levedad y la coordinación, la sensación de proximidad y de unidad, el flujo de energía y seguridad hacia el interior. Es sumamente importante que recordemos el estado de amor divino que sentimos. Mediante la práctica podemos reactivar el recuerdo de esa sensación hasta percibir que estamos llenos del amor que nos guiará a lo largo del día.

Si el amor aparece, sabemos que estamos abiertos a la fuente divina de energía que siempre está en nuestro interior. Esto, por supuesto, no significa que nunca más vamos a sentir las emociones negativas de la rabia, los celos o el odio. Significa únicamente que, cuando esto ocurre, la constancia del amor evita que esas emociones negativas invadan nuestra mente. Quedan dentro de un contexto razonable en el cual podemos sentirlas y dejarlas ir, concentrándonos en el amor penetrante que energiza nuestro ser.

Creo que debemos recordarnos nuevamente que sólo nosotros, en tanto individuos, podemos querer que esas señales pasen a formar parte de nuestra vida cotidiana. Después de una experiencia de trascendencia debemos adoptar la disciplina para integrarlas. Cuando estamos cerca de otros que exhiben esa conciencia, es posible que la recordemos, pero nada sustituye el hecho de volver a la fuente, en forma consciente, para aumentar el reflejo de esas señales en nuestra vida personal.

Cuando establecemos este compromiso disciplinado de mantener la apertura energética que experimentamos, empezamos a dar el siguiente paso en la concientización. Empezamos a notar una aceleración de las coincidencias, ya que ahora tenemos mayor conciencia del camino único de nuestro destino.

7
DESCUBRIR QUIÉNES SOMOS

Una vez que encontramos la experiencia trascendente y nos abrimos a un flujo mayor de energía espiritual y seguridad interior, empieza a suceder algo profundo. Empezamos a vernos a nosotros mismos y nuestro comportamiento desde una perspectiva más elevada, desde el punto de vista de nuestro yo superior más energizado. Nuestro sentido de identidad supera las reacciones inseguras de nuestro yo y asume un punto de vista de testigo, identificado ahora con toda la creación divina y capaz de ver nuestro yo definido socialmente con una nueva objetividad.

Desde este punto de vista, creo que una de nuestras primeras observaciones claras es cómo reaccionamos personalmente si nos sentimos presionados. Por primera vez vemos con claridad nuestro drama de control. Podemos estar en cualquier parte cuando ocurre: en el trabajo, en el mercado, quizás en una conversación con una persona importante en nuestra vida. Al principio, vivimos nuestra nueva apertura en forma plena, pero luego algo pasa. La situación se torna estresante y volvemos a nuestro viejo drama.

Luchamos por mantener la energía de nuestro yo superior, conservar una posición de testigo aunque una parte de nosotros continúe con el comportamiento defensivo. Aquí es posible que tengamos un sentido de revelación sobre nosotros mismos al observar nuestras acciones. Viejos comentarios de otros sobre nuestros patrones y libretos, comentarios que tal vez negamos con vehemencia en ese momento, pueden aflorar de nuevo con un renovado sentido de validez. Hasta es posible que admitamos: "De modo que es así como actúo cuando me siento presionado".

Tal vez reconozcamos las acciones de inducción de culpa de un Pobre de Mí, la indiferencia de un Distante, las críticas de un Interrogador o la postura generadora de miedo de un Intimidador. Sea lo que fuere, tenemos la experiencia de ver plenamente nuestras manipulaciones para obtener la energía de otros.

LUCHAS DE PODER EN LA FAMILIA ORIGINAL

Ahora bien, la pregunta es: ¿Dónde se originó nuestro comportamiento? ¿Y qué podemos hacer al respecto?

Este planteo nos lleva a la reveladora investigación sobre dinámica familiar realizada durante las décadas de los 60 y 70. Sabemos que la familia, en especial los padres, estructura nuestro primer contacto con el mundo. (Si nuestros padres no están, otros desempeñan esa misma función.) A través de actitudes y comportamientos que tomamos como modelo, estas personas nos enseñan nuestra primera idea de lo que es el mundo.

Tal como señala el psicólogo James Hillman en su reciente libro *The Soul's Code*,[1] todos venimos al mundo con carácter y vocación. Pero la niebla del nacimiento oscurece esta autocomprensión, y las luchas de la infancia con frecuencia pueden ser intensas y terribles. De chicos perdemos nuestra conexión segura con la energía y el amor divinos. De pronto nos volvemos dependientes debido a la comida, la protección y la seguridad que necesitamos.

A menudo recibimos muy poco amor y energía porque las personas que se ocupan de nosotros tienen muy poco para dar y funcionan a su vez de acuerdo con sus dramas de control. Algunos padres inconscientemente absorben la energía de sus hijos pequeños y los fuerzan a forjar dramas propios para contrarrestarlos. Por ejemplo, un Pobre de Mí podría reprochar sin cesar a su hijo que no presta suficiente ayuda, o incluso culpar al hijo por sus problemas, diciendo algo como: ¿Si no fuera por ti, podría seguir mi carrera? El padre Distante se mostraría remoto, indicando con ello un amor condicional. Un Interrogador encontraría constantes defectos. Y un Intimidador crearía un clima de miedo.

De chicos, al principio nos dejamos llevar por los dramas permitiendo que nuestra energía disminuya. Pero en un momento dado nuestras defensas son estimuladas y empezamos a desarrollar nuestras propias maniobras para frenar la pérdida de energía y autoestima. Frente al Pobre de Mí y el Distante, en general desarrollamos una postura de Interrogador, rechazando la inducción de culpa o terminando el distanciamiento con la crítica de alguna característica o conducta que encontramos en ellos. Frente al Interrogador, podemos llegar a interrogarlo a su vez o a adoptar la fachada de indiferencia del Distante.

El caso del Intimidador es más complejo. Cuando la situación infantil es de maltrato y miedo, la mayoría responde al principio con un drama Pobre de Mí. Si el Intimidador reacciona a la inducción de culpa y empieza a devolver energía, la cosa termina ahí. Pero si la postura del Pobre de Mí no da resultado, el único recurso ante el robo de energía con riesgo para nuestra vida es estallar nosotros también ya en la niñez con una intimidación, a veces contra los que tratan de intimidarnos, pero con igual frecuencia contra hermanos y otros que son más pequeños o menos fuertes.[2]

La liberación del perdón

Vigorizados por nuestro actual nivel de energía más alto, enfrentamos el desafío de nuestra continua evolución. Al observar atentamente la dinámica de nuestra familia original, por traumática que sea, debemos evitar la tendencia a culpar y odiar. Como veremos más adelante, nuestra conciencia en avance nos lleva en definitiva a ver todo lo que pasó en nuestras vidas desde la perspectiva de la dimensión de la Otra Vida, a través de la cual sabemos que en nuestra conexión más elevada con lo divino elegimos las circunstancias en las que nacimos. Tal vez nuestra intención era terminar de otra manera, pero queríamos iniciar nuestra vida tal como lo hicimos.

Si nos aferramos a la necesidad de culpar a los padres o hermanos o a otro en los primeros años de vida, en general es porque la culpa en sí misma forma parte de nuestro drama de control. Contamos el cuento de nuestro maltrato para conseguir simpatía o energía o lo usamos para racionalizar nuestras estrategias de Distantes o Interrogadores. Por eso no podemos lograr una conexión energética interna con lo divino hasta que nos liberamos de nuestro pasado. No podemos avanzar y seguir expandiendo nuestra energía porque la culpa siempre vuelve a arrojarnos al viejo drama.

Sólo el perdón puede liberar totalmente nuestro potencial para superar estos libretos repetidos que nos hacen perder tiempo. Y creo que, para que sea totalmente liberador, el perdón debe expresarse y demostrarse. Muchos terapeutas recomiendan que escribamos una carta a todos los que culpamos ofreciéndoles nuestro perdón. Eso no significa que debamos estar en algún momento con esa persona; estos gestos simplemente sirven como cierre y despejan el aire para que comience una nueva vida. El perdón fortalece esa conciencia de testigos más elevada que hemos adquirido. La clave del perdón es simplemente reconocer que, en su momento, hicimos lo que pudimos.[3]

ABANDONAR NUESTRO DRAMA DE CONTROL

Éste es el momento en que podemos abandonar de manera efectiva nuestro drama de control. Si procedemos con cierta disciplina, trascendiendo las viejas actitudes respecto del pasado que nos mantienen encerrados en un esquema de respuestas, podemos empezar a integrar en forma plena nuestro nuevo yo espiritual y olvidar la otra identidad definida socialmente.

En este estado de conciencia, podemos mantener con más facilidad una posición de testigos respecto de nuestro comportamiento y nuestro camino de vida, observando los hechos que ocurren con un sentido de fe objetiva y amor por la aventura. Ésta es una posición desde la cual podemos comprender mejor y captar los mensajes de las coincidencias y es la posición desde la cual mejor podemos mantenernos alerta, aun en medio de las situaciones más estresantes.

Veamos la siguiente situación: Estamos tratando de mantenernos en nuestro estado de yo superior cuando de pronto alguien llega y hace algo que espontáneamente nos pone a la defensiva. Si nuestro drama de control es el del Interrogador, la persona puede recordarnos a los distantes o los Pobre de Mí de nuestro pasado y provocar la misma reacción crítica. Nuestra mirada podría dirigirse de inmediato a una falla que notamos en la persona y atacarla allí, con la intención de hacerle perder el equilibrio y asegurarnos de que sus reacciones de Distante o Pobre de Mí no nos consuman.

En ese momento salimos de nuestra posición de yo superior y volvimos a un lugar de inseguridad, necesitando así la energía de otros. Para reducir y terminar en definitiva con estos momentos de mecanismos defensivos inconscientes, debemos ser capaces de contenernos cada vez más pronto. Esto requiere una intención decidida y se ve ayudado por un compromiso con una práctica espiritual de meditación u oración. Una vez que trabajamos para mantener nuestra posición de yo superior con disciplina y vemos cómo cobra forma nuestro drama de control singular, debemos estar atentos, con decisión, para detectar los primeros indicios de que el drama de control está volviendo a aflorar.

Cuando podemos contenernos cada vez que esto ocurre, empezamos a romper el esquema, a detener el drama antes de que comience, y a mantenernos en nuestra posición de yo superior testigo en forma constante.

Intuir un propósito más elevado para nuestra vida

Una vez que mantenemos nuestra postura de yo superior la mayor parte del tiempo, la energía aumentada y el sentido de libertad enseguida hacen surgir otros interrogantes: Si no somos esa persona que crea un drama repetitivo en su vida como defensa, ¿en qué consiste nuestra vida? ¿Qué deberíamos hacer?

Considero que estos interrogantes derivan directamente de una característica particular de la conexión con el yo superior, que es un sentido interior que todos tenemos respecto de lo que nuestra vida está llamada a cumplir. Esta intuición es la que crea la necesidad de comprender nuestro posible destino desde una perspectiva más elevada. Esto incluye una necesidad generalizada de reinterpretar nuestro pasado.

¿Cómo fueron nuestros ancestros? ¿Dónde vivieron y cómo pasaron su vida? Finalmente, nuestra atención vuelve a aterrizar en nuestros padres y nuestra familia original, y es aquí donde nuestro compromiso con el perdón puede dar sus frutos, ya que ahora somos capaces de superar los viejos resentimientos para considerar esa experiencia con una mirada objetiva.

Creo que la verdadera pregunta que debemos formularnos sobre la experiencia con nuestra familia original es: ¿Por qué habré elegido nacer en este lugar y con este reparto de personajes? ¿Cuál habrá sido mi idea?

El mensaje de la familia original

El objetivo de esta pregunta es lograr una mayor comprensión de la experiencia con nuestra familia de origen. Recuerde que nuestra familia original fue el medio en el cual cada uno de nosotros aprendió cómo era el mundo y qué se esperaba de nosotros como seres humanos. Un niño debe aprender todo; no sólo el nombre de cada objeto del universo, sino el significado que dichos objetos tienen en la vida humana. Para aprenderlo, debíamos observar con atención de qué manera interpretaban el vasto mundo nuestros padres o las personas que estaban a cargo de nosotros. Esto significa que pasamos la primera década de la vida mirando el mundo a través de los ojos de nuestros padres para ver sus descripciones, sus reacciones emocionales y su creatividad. Y, como vimos, esta identificación modela y estructura nuestra cosmovisión inicial.

Para encontrar la razón espiritual por la que nacimos de nuestros padres, debemos analizar en profundidad cómo eran, cómo veían el mundo y, tal vez lo más importante, sus sueños, los que se hicieron realidad o no.

VER A NUESTRA MADRE

Para la mayoría de nosotros, el amor y las caricias de nuestra madre crearon nuestra primera descripción interna del mundo. ¿Era sensible, afectuosa, buena? ¿O era negligente y ominosa?

Los psicólogos nos dicen que los primeros cinco años de la vida establecen los supuestos básicos que tenemos respecto de si el mundo responderá a nuestras necesidades y si podemos confiar en que nuestras experiencias serán positivas. Si nuestra madre satisfacía nuestras necesidades, deberíamos tener entonces una visión en esencial positiva. ¿Y en caso contrario? ¿Qué pasa si el cuidado que nos brindaron en los primeros tiempos fue en apariencia muy positivo pero, no obstante, en los momentos de ansiedad nos vemos luchando contra un negativismo o un miedo interiores? Si es así, debemos considerar la posibilidad de que la impronta negativa provenga de un tiempo anterior de nuestra existencia: dificultad al nacer, por ejemplo, o en una vida anterior incluso.

Me doy cuenta de que muchos dudan de la realidad de sus vidas pasadas. Si usted siente este escepticismo, le sugiero que lea la obra del doctor Brian Weiss, psiquiatra cuyo trabajo con recuerdos de vidas pasadas en sus pacientes divulgó y esclareció el fenómeno en todo el mundo.[4] En muchos casos, al reevaluar el efecto de nuestra situación original sobre nuestras actitudes y el rumbo de nuestra vida, debemos incluir la posibilidad de que algunos de nuestros supuestos provengan de una existencia anterior.

Desde luego, su madre le dio mucho más que esta primera impronta del afecto. También le transmitió una interpretación específica y a veces única del mundo. Para comprender el punto de vista de su madre, es necesario que la analice de la manera más exhaustiva posible, tomándose el tiempo de observar a sus padres, el condicionamiento cultural que experimentó en su juventud y la forma en que esa atmósfera restringió o liberó el sueño de lo que quería llegar a ser.

En nuestro caso, nuestras madres alcanzaron la mayoría de edad entre las décadas de los 40 y los 80, una época de posibilidades muy cambiantes para las mujeres. La experiencia de trabajar en plantas fabriles durante la Segunda Guerra Mundial, por ejemplo, haciendo tareas que antes hacían los hombres, cambió la actitud respecto del potencial de las mujeres en todo el mundo. No obstante, en el marco individual de las familias, las mujeres soportaron variados grados de restricciones a sus aspiraciones, y por esa razón es importante que usted analice atentamente la vida de su madre.

¿Cuáles eran los valores que expresaba sobre la vida, la familia y el trabajo? ¿En qué diferían del sentimiento dominante en su comunidad? Viéndola envejecer, ¿cuál notó que era su actitud hacia la salud, el bienestar, la vida espiritual interior? En el nivel del yo superior, ¿cuál era su visión respecto de cómo debían vivir los seres humanos? ¿Y hasta qué punto fue capaz de concretar esa visión?

De igual importancia resulta analizar cómo se sentía usted de chico con respecto a los sueños de su madre. ¿Pensaba intuitivamente que tenía razón, o estaba equivocada en cuanto a sus valores y su perspectiva? ¿Qué piensa al respecto ahora que el perdón despejó el aire y superó la rebelión de su juventud?

Lo más importante de todo es, en mi opinión, el análisis intuitivo que haga su yo superior sobre toda la vida de su madre en este momento, aquí y ahora. Si pudiera cambiar lo que pasó y ajustar las decisiones de su madre, ¿cómo lo haría? Y por último, ¿de qué manera ver la vida de su madre, tanto desde la infancia como con posterioridad, influyó en la forma en que usted decidió vivir su propia vida?

VER A NUESTRO PADRE

El análisis de nuestros padres debe seguir el mismo proceso. Puede analizar cómo enfocó la vida su padre, en especial cómo se relacionó con las demás personas y qué pensaba sobre las cuestiones espirituales. ¿Qué filosofía parecía imperar en su vida? ¿Qué habilidades desarrolló usted a través del ejemplo? ¿Qué sueño tenía para sí mismo y en qué lo concretó o fracasó?

Recuerde que, le guste o no, le inculcó la mitad de su estructura general respecto de la realidad, entre otras cosas la forma en que actúa en el mundo, cómo trata a sus socios comerciales, cómo negocia y cumple con los contratos y cómo genera ingresos. En líneas generales, le mostró una sabiduría y un prejuicio específicos, y usted debe preguntarse por qué quiso ver ese ángulo particular de la vida al comienzo de su existencia. ¿A qué cuestiones quiso ser sensible enseguida?

Al igual que con su madre, debe analizar su reacción intuitiva a su padre. ¿Con qué parte de su vida, mundo, sueños y estilo de vida coincidía? ¿Qué partes le parecían erradas? ¿Consideró en algún momento y sigue considerando la vida de su padre un éxito o un fracaso? Y, desde su punto de vista, ¿cómo cambiaría, si pudiera, las decisiones y el rumbo de la vida de su padre?

Fusionar las realidades

Una vez que vemos las vidas de nuestros padres con un sentido, en general descubrimos que nacimos de dos personas muy distintas, con visiones del mundo, intereses y valores muy distintos. ¿Qué significa que hayamos sido socializados por estas dos personas? Sin duda, vimos surgir algunos conflictos cuando nuestros padres trataban de reconciliar sus visiones divergentes. Como hijos, tenemos una comprensión única de esta reconciliación. Crecimos en un lugar entre dos personas únicas y durante nuestro proceso de socialización integramos las dos formas de ser.[5]

Nuestro desafío consiste en lograr una síntesis de las perspectivas de nuestros padres que aspire a una existencia más verdadera. En mi caso, mi padre siempre quiso considerar el mundo como algo positivo y divertido, como un lugar de aventura. El suyo era un mundo secular, desprovisto de una espiritualidad vivida, y muchas veces su búsqueda de diversión lo llevó a tomar decisiones que quedaron en la nada o que se volvieron en su contra. Mientras crecía, veía ese esquema y me sensibilicé a la necesidad de un enfoque más estratégico respecto de la aventura. Mi madre, por su parte, sabía que el mundo era profundamente espiritual, pero de una espiritualidad devota y autonegadora. Ella sacrificaba cualquier idea de aventura personal por el trabajo duro de ayudar a los demás y resolver los males del mundo.

¿Qué significaba haber nacido entre estas dos personas? Su reconciliación misma era difícil. Mi madre siempre quiso domesticar a mi padre y lo puso a trabajar en el servicio espiritual. Él siempre se rebelaba porque intuía que en la vida había que ampliar el propio horizonte, aunque no estaba muy seguro de cómo hacerlo. Al tomar distancia y analizar la situación, descubrí la solución obvia. Podía llevar mi vida adelante con la profunda espiritualidad de mi madre, que implicaba tratar de mejorar el mundo, pero podía ser una búsqueda divertida y llena de aventura, en la que mi misión fuera también el lugar exacto para encontrar una inspiración más profunda. Me di cuenta de que la cuestión vital básica para mí era comprender la espiritualidad superior.

Esta síntesis de la vida de mis padres y lo mejor de sus puntos de vista también me dio la sensación de estar completando de alguna manera los propósitos de sus respectivas vidas y de ayudarlos a evolucionar en el presente. Y lo más interesante de todo: descubrí que esta síntesis de sus visiones encajaba con la forma en que intuitivamente quería vivir mi vida, como si el sentido de mi experiencia con ellos hubiera sido el de despertarme.

El avance de las generaciones

Hasta cierto punto, la nueva conciencia espiritual está emergiendo porque cada vez somos más los que descubrimos una interpretación personal de la situación de nuestra familia original. En un nivel intuitivo, esto fue lo que impulsó nuestro vuelco masivo a la terapia durante la década de los 70. Descubrimos que nuestra conciencia se expande cuando analizamos la vida de nuestra familia original. Ahora estamos ampliando más nuestra búsqueda, captando plenamente que no es casual que naciéramos de nuestros padres y no es obra del azar que su sabiduría y sus enfoques aún incompletos de la vida fueran exactamente el estímulo que necesitábamos para encontrar nuestro propio punto de vista y descubriéramos el rumbo que deseábamos para nuestra vida.

En este sentido, tal como veremos más adelante en este libro, cada generación, sin importar en qué medida esté centrada en la verdad espiritual, expande y desarrolla la cosmovisión de la anterior. De ese modo participamos en el flujo continuo de la evolución que tantos pensadores han identificado. Lo único que estamos haciendo es llevar ese proceso a un nivel más consciente.

Amigos, educación y trabajo inicial

Por supuesto, la experiencia con nuestra familia original fue sólo el comienzo. De jóvenes, emprendimos rápidamente nuestro propio rumbo. Piense, por ejemplo, en todas las otras influencias de la infancia, empezando por los hermanos. ¿Cómo nos sentíamos respecto de nuestros hermanos y hermanas? ¿Qué aprendimos? ¿Por qué algunas personas nos llamaban la atención y otras nos causaban rechazo? ¿Por qué elegimos a ciertos amigos e ignoramos a otros? ¿Y por qué esas elecciones se produjeron cuando se produjeron?

¿Y los profesores que elegimos como favoritos? Todos tuvimos mentores especiales cuyas opiniones o actitudes nos atraían y, en consecuencia, considerábamos sus perspectivas y su materia con mucha más seriedad, y nos quedábamos muchas veces después de clase en charlas personales para aprender en un nivel más profundo. ¿Por qué esos profesores en particular, en ese momento en particular? ¿Qué talentos nos ayudaron a detectar?

Igualmente significativas son las otras decisiones educativas que tomamos. ¿Cuáles eran nuestros intereses y fantasías iniciales sobre lo que queríamos hacer en la vida? ¿Cuáles eran las clases y los temas que nos gustaban? ¿En qué campo descubrimos que podíamos ser buenos?

Otro importante hecho de nuestro pasado fue cómo se presentaron las primeras oportunidades de trabajo. ¿Qué clase de trabajos tomamos como estudiantes o después siendo ya jóvenes adultos? ¿En qué medida esos trabajos nos hicieron ver claro qué queríamos hacer?

El propósito de esta revisión es que usted encuentre un significado sincrónico más elevado en el rumbo que tomó su vida. Partiendo de la idea de que todos nosotros reconciliamos y, hasta cierto punto, completamos la promesa incumplida de nuestros padres, podemos descubrir una mayor claridad incluso notando el área de la vida y el conocimiento humanos hacia el cual nos vimos arrastrados cuando nuestra vida evolucionó. Los amigos y los profesores nos ofrecieron más perspectivas y estilos de vida de los cuales pudimos aprender y que pudimos integrar a nuestro yo singular.

¿Para qué nos prepararon?

Al analizar esta evolución personal podemos encontrar la forma más veraz de comprender nuestra infancia y la historia de nuestra vida desde el comienzo hasta el momento actual. Las piezas seguirán poniéndose en su lugar durante toda la vida, pero lo que usted puede hacer ahora es mirar hacia atrás todo lo que pasó y preguntarse: Desde la influencia de mi familia original hasta todas las idas y vueltas sincrónicas, los callejones sin salida, los errores y los éxitos, como consecuencia de todos estos hechos, ¿qué estaba preparándome para decirle al mundo? ¿Qué verdad particular, única para mí y mi experiencia, puedo salir a transmitir a otros sobre cómo uno puede vivir de manera más plena y espiritual?

Ése es el sentido que puede surgir de la revisión de la vida. Podemos llegar a ver para qué estamos aquí, qué actitudes queremos transmitir que expresen nuestro mensaje a los demás. La verdad que tenemos para compartir no tiene por qué ser complicada y amplia. A veces las verdades más importantes son las más pequeñas y simples. Lo esencial, en mi opinión, es que comprendamos cuál es nuestra verdad en este momento y estemos dispuestos a expresarla con valor, siempre que sea apropiado. Veremos que las personas que se cruzan en nuestro camino están ahí para oír nuestra verdad. Por insignificante que considere que es su verdad, su impacto puede ser grande y global según a quién llegue y de qué manera sirva para esclarecer las verdades de otros y lo que éstas puedan hacer en el mundo.

La evolución de nuestras verdades

Nuestras verdades están en constante evolución, no de maneras esporádicas o indefinidas, sino precisa y claramente, a medida que vamos siguiendo la sincronicidad en nuestras vidas. Lo que se nos plantea en general es qué hacer con nuestras verdades, cómo podemos decírselas a otros. ¿Nuestra verdad debe ser algo que desarrollamos como una carrera, o es más adecuado hacer otra cosa y dejar que decir nuestras verdades sea nuestra vocación?

Es de suma importancia que verifiquemos con otros la realidad de nuestras verdades y prestemos atención no sólo a los que están de acuerdo. De una conversación honesta surge la mejor descripción de la realidad. Una verdad sobre una forma más gratificante de enfocar la vida puede ser ineficaz si se expresa de una manera demasiado complicada o si se presenta como una filosofía sin un marco de referencia para los demás. También es importante que nos demos cuenta de que nuestras verdades no tienen por qué ser de naturaleza espiritual. Por cierto, tendrán que ver con llevar la comprensión humana hacia lo espiritual. Pero se aplicarán al campo particular en el cual ya trabajamos o tenemos influencia. Una verdad puede estar relacionada con la resolución de conflictos. Otra podría ser un nuevo enfoque en la tecnología informática que libere de alguna forma a la humanidad.

Hay algo de lo que podemos estar seguros: si prestamos atención, si nos concentramos en nuestras verdades y mantenemos la energía alta, descubriremos, para nuestro gran deleite, que las coincidencias comenzarán a incrementarse y estarán más cargadas de sentido que nunca.

8
UNA EVOLUCIÓN CONSCIENTE

Aquí convendría, quizá, que reviéramos la nueva conciencia espiritual de la que hemos hablado. Empezamos con la realidad de las coincidencias, poniendo el acento en que siempre parecen llevarnos hacia algún destino especial.

El segundo paso consistió en vencer la inercia de la vieja cosmovisión comprendiendo la psicología de por qué negamos durante tanto tiempo los misterios de la existencia. Podemos apreciar los logros materiales de la humanidad pero reconocer, a la vez, que el mundo es mucho más que eso y que es hora de avanzar con la certeza de que nuestra percepción espiritual floreciente representa un despertar de gran significación histórica.

Integramos el tercer paso cuando realmente empezamos a captar, cada día, que vivimos en un universo misterioso dinámico y lleno de energía que responde a nuestras intenciones y suposiciones.

Esto prepara los cimientos para el cuarto paso, que es el de aprender a negociar este mundo espiritual, en especial la realidad de la inseguridad humana y la competencia por la energía. Cada uno de nosotros debe resolver este problema de la inseguridad en forma individual, descubriendo por sí mismo la experiencia trascendente descripta por los místicos de todos los tiempos, que es el quinto paso. Ésta es una experiencia que nos permite vislumbrar la conciencia más elevada e inaugura una conexión interior que podemos recordar y a la cual podemos volver mientras trabajamos por mantener alta nuestra energía y nuestra seguridad basada en lo interior.

Una vez que nos abrimos a la fuente de energía divina, podemos ingresar en el sexto paso y experimentar la catarsis espiritual de abandonar nuestro drama de control y descubrir quiénes somos en realidad, alcanzando así finalmente la comprensión de una verdad que nos toca decir acerca del mundo. A esta altura podemos vivir con una conciencia plena dentro de la cual estamos más atentos que nunca a la sincronicidad y nos comprometemos más con nuestro destino.

AMPLIAR NUESTRA PERCEPCIÓN

Ya estamos listos para el séptimo paso. Éste involucra aprender a aprovechar mejor las coincidencias.

Veamos nuevamente un ejemplo de experiencia sincrónica. Supongamos que usted asiste a una conferencia sobre un tema que le interesa y mientras está sentado allí escuchando al conferencista, piensa: "Esta persona plantea este tema desde un ángulo fascinante. Debo entender mejor esta perspectiva". Esa noche va a comer y justo ve a un costado, sentado solo a la mesa, al individuo que dio la charla.

Es obvio que acaba de producirse una coincidencia significativa. Sin embargo, en realidad esta sincronicidad empezó mucho antes de esa noche. ¿Por qué, por ejemplo, decidió ir a esa conferencia, en primer lugar? ¿Cómo se enteró? Tal vez la vio en un aviso mientras hojeaba el diario. ¿Pero qué lo llevó realmente a ir? ¿Por qué se produjo esa sincronicidad particular?

Discernir cuestiones vitales

Aunque inicialmente la percibamos, nuestra comprensión de la verdad que vinimos a decir siempre se halla en un estado de evolución, adquiriendo una forma más clara. Tal vez hayamos descubierto, por ejemplo, que el amor y el respeto por las plantas caracterizó nuestro pasado y que transmitir el mensaje de que debemos proteger la vida vegetal es la verdad básica que debemos decir. No obstante, después de esta revelación siempre queremos más detalles. ¿Debo continuar mi formación? ¿Debería dejar mi trabajo actual y buscar algo más relacionado con las plantas?

Al prestar atención a nuestra conciencia más desarrollada se dará a conocer la cuestión más importante para nuestra situación de vida. En algunos casos la descubriremos en forma espontánea. En otros, la naturaleza de las coincidencias que se producen a nuestro alrededor nos ayudará a definir la cuestión. Supongamos, por ejemplo, que la conferencia a la que usted asistió se refería a los esfuerzos por salvar las escasas selvas vírgenes que quedan en América, y el conferencista habló sobre las organizaciones sin fines de lucro más eficaces en este esfuerzo y las posibilidades de empleo disponibles.

Si bien este hecho por sí solo no es concluyente, una serie de coincidencias relacionadas con consideraciones de empleo podrían significar que se trata de una cuestión apremiante. En nuestro ejemplo hipotético, el hecho de que el conferencista esté ahora sentado justo al lado de usted en el restaurante sería una sincronicidad reafirmadora.

Siempre que interpretamos las coincidencias de nuestra vida, debemos empezar por discernir primero la cuestión vital que nos resulta más apremiante. Esta cuestión nos orientará en la dirección hacia la cual evoluciona nuestra verdad y hará que el significado de cada sincronicidad nos resulte más evidente.

INTUICIÓN

¿Qué pasa una vez que discernimos una cuestión vital? ¿Cómo se dio cuenta usted de que debía ir a esa conferencia en particular? ¿Qué pasó? En un análisis más exhaustivo, creo que estamos reconociendo y empezando a usar plenamente una capacidad humana muy antigua: la intuición.

A lo largo de toda la historia, los seres humanos siempre hemos hablado de la experiencia de corazonadas o presentimientos que nos dirigieron en distintos momentos de decisión en la vida. Sólo que la visión del mundo mecanicista rechazaba esas experiencias considerándolas ilusión o alucinación o reduciéndolas a meras indicaciones sociales.[1] Pese a esta desaprobación cultural, la mayoría seguimos utilizando esos pensamientos de manera semiconsciente; simplemente no hablábamos mucho al respecto. Recién en las últimas décadas el poder de la intuición volvió a usarse en forma más abierta y a ser tema de conversación en Occidente.

Creo que nuestro desafío ahora es llevar estos pensamientos sutiles a un mayor nivel de conciencia y aprender a distinguirlos de los pensamientos comunes. Teniendo en cuenta que esta capacidad es una cuestión de percepción interna, cada uno debe desarrollarla por sí mismo. Pero es posible que, para muchos, el esquema general de funcionamiento de la intuición ya esté alcanzando un nivel de consenso.

Una intuición es la imagen de un hecho en el futuro, un conocimiento previo que, tal como se ha probado científicamente, es una capacidad humana.[2] Puede referirse a nosotros mismos o a otros. Casi siempre la imagen es de naturaleza positiva y constructiva. De lo contrario, si los pensamientos son negativos —un accidente inminente o un lugar que debe evitarse, por ejemplo— debemos decidir si simplemente estamos teniendo miedos que provienen de un drama de control reiterado o si la imagen negativa es de veras una advertencia intuitiva.

Nuevamente, esa distinción es algo que cada uno debe hacer por sí mismo, pero creo que en general las imágenes de miedo tienen que ver con miedos generalizados y no con hechos específicos. En el caso de nuestro ejemplo, podríamos saber que siempre nos dio miedo asistir a conferencias si, digamos, teníamos que ir solos. Ese tipo de miedo, como ocurre una y otra vez, puede reconocerse como un miedo general. Pero si espontáneamente sentimos miedo respecto de una conferencia en particular y nunca antes habíamos tenido ese miedo, la imagen entonces podría ser una verdadera advertencia intuitiva de algún tipo, y debemos actuar en consecuencia.

También debemos distinguir una intuición de un ensueño diurno disfuncional. Si estamos imaginando la repetición de un contacto social anterior, deseando haber reaccionado con más fuerza contra alguien que nos hizo enojar o nos ofendió, simplemente estamos fantaseando un juego de control en nuestra cabeza. Este tipo de imagen es útil sólo si el mensaje es abandonar ese tipo de competencias.[3]

La mayoría de las intuiciones reales involucran la imagen de alguna acción futura de nuestra parte que haría avanzar nuestra vida en una dirección nueva más ventajosa, y siempre contienen una carga de inspiración.

El proceso de sincronicidad

Ahora tenemos una visión más amplia de la sincronicidad. Empieza con nuestra cuestión vital, consciente o no, y sigue avanzando. En el caso de nuestro ejemplo, usted estableció que su cuestión vital es si debería buscar un empleo distinto, algo más relacionado con las plantas.

En ese momento interviene nuestra intuición. Si prestamos mucha atención a nuestros pensamientos, recibiremos una intuición acerca de qué hacer o adónde ir. Podría ser muy vaga y confusa, pero será un verdadero conocimiento previo de un hecho potencial en el futuro. En nuestro ejemplo, usted podría recibir una imagen real de estar en una conferencia. O quizá sería una imagen más general de recibir información sobre actividades u oportunidades de trabajo relacionadas con las plantas.

Después de eso, al abrir el diario y leer sobre la próxima conferencia sobre plantas, en su mente se encendería una lamparita. Usted reconocería de inmediato que está viviendo un momento sincrónico, cargado de inspiración. Al llegar al lugar y escuchar la charla, recibiría una confirmación aún mayor. Y encontrar al orador cerca de su mesa, en la cena de esa noche, sería casi increíble.

En suma, vemos que la mayoría de las sincronicidades se

producen de la siguiente manera: empezamos con una sensación general de la verdad que vinimos a decir, una verdad que se vuelve cada vez más clara y se manifiesta en la forma de una pregunta primordial, y luego en la cuestión más urgente en nuestra situación de vida actual. Luego surge una intuición, una imagen mental de algo que ocurre, de nosotros mismos emprendiendo alguna acción para buscar la respuesta a esa pregunta. Si prestamos atención, surgirá una oportunidad real cercana a nuestra intuición que aportará las respuestas y nos parecerá perfectamente sincrónica.

Pese a resolver nuestra primera inquietud, es obvio que estas respuestas nos llevarán a una nueva situación de vida y a más preguntas. Y de ese modo el proceso continúa: pregunta, intuición, respuesta sincrónica, nueva pregunta.

Sueños

Como ya dijimos, los sueños pueden desempeñar un papel importante en este proceso porque son una forma velada de intuición. Si bien en la mayoría de los casos las imágenes de un sueño involucran a personajes extraños y lugares improbables, casi siempre sus elementos pueden ser reveladores respecto de nuestra situación actual. En el Capítulo 2 hablamos de cómo analizar el argumento de un sueño y luego superponer dicho argumento con la historia más amplia de nuestra vida. Siempre podemos ver alguna relación, ya sea ahora o en el futuro.[4]

Si el sueño tiene que ver con una lucha, por ejemplo, podemos ver si, en algún sentido, estamos luchando por algún hecho de nuestra vida actual. Si es así, el sueño podría estar señalando una acción mejor que hasta ahora no se había considerado. Esta nueva acción, una vez emprendida, podría generar sincronicidades que modificaran la vida como lo hace una intuición.

La clave para interpretar los sueños de esta manera radica en que tengamos siempre en primer plano en la mente nuestra verdad básica y nuestra cuestión actual.

Mantener estas preocupaciones en nuestra conciencia nos aporta información adicional para buscar significado. Debemos preguntarnos: ¿Cómo se relaciona la historia del sueño con las cuestiones que enfrentamos en nuestra vida?

LUMINOSIDAD

Otra forma en que podemos aumentar nuestras intuiciones es a través de la luminosidad. La luminosidad se refiere al fenómeno de percibir cierto lugar u objeto que sobresale y atrae nuestra atención. El lugar u objeto parece tener mayor presencia que todo lo que está a su lado.[5]

En el caso de un paisaje, los colores de los árboles, las rocas y la tierra parecen más radiantes. Esta experiencia se relaciona con el instante trascendente en el cual todo lo que nos rodea de pronto adquiere vida con una presencia y un ser y parece tan conectado a nosotros como nuestro propio cuerpo, produciendo una sensación de unidad, sólo que, en el caso de la luminosidad, el fenómeno queda aislado a un área específica, como para mostrarnos una conexión especial que tenemos con el objeto o el paisaje en cuestión.

Con frecuencia, esa experiencia de luminosidad se produce cuando tratamos de decidir sobre la dirección que debemos tomar en un viaje. Esto, por supuesto, es ir en contra del viejo paradigma secular, porque nuestro hábito es tomar decisiones sobre rutas particulares basándonos en consideraciones de horarios, mapas y otros elementos lógicos. Y por cierto en el pasado estos métodos resultaron eficaces para llevarnos a un lugar específico.

Pero al extendernos más allá de esta forma lógica de manejar nuestra vida aprendiendo a usar la intuición en nuestro proceso de toma de decisiones, a la larga podemos ser más eficaces. La intuición puede guiarnos para tomar una ruta que geográficamente sea más larga o más difícil, pero en ese viaje tal vez nos llegue una información positiva para nuestra vida que habría tardado más en llegarnos si hubiéramos continuado nuestro viaje exclusivamente de acuerdo con el viejo método.

Muchas veces lo único que sabemos es que cierta ruta parece vagamente más atractiva. Una buena verificación de este tipo de sensación consiste en ver las otras rutas y comparar su luminosidad con la que da la impresión de llamarnos. ¿Tenemos la misma sensación? ¿La luz parece diferente? Cada persona debe validar dichas percepciones por sí misma, pero si la ruta sigue pareciéndole más atractiva, tómela.

La luminosidad también puede ayudarnos como guía en nuestro camino cuando estamos explorando un sitio sagrado para encontrar las áreas de mayor energía. Los sitios sagrados, como ya dijimos, a menudo facilitan las experiencias místicas o trascendentes durante las cuales abrimos canales de energía interior divina. Muchas veces debemos descubrir los mejores sitios en forma intuitiva. En algunos casos tenemos poco para empezar excepto algún rumor o comentarios vagos que oímos en alguna parte. La clave de nuestra búsqueda exitosa puede ser muchas veces la que use la luminosidad.

Esto ocurre especialmente si nos encontramos en una zona virgen, donde la extensión de terreno es vasta. En esos ambientes, si miramos en derredor, sensibles a lo que se despliega ante nuestros ojos, notaremos muchas veces la cima de una montaña a lo lejos, un grupo de árboles grandes o zonas con agua que parecerán especialmente brillantes y atractivas para nosotros. Apenas entramos en ellas, podemos utilizar el mismo proceso para encontrar un lugar aún más específico que sobresalga y nos resulte tentador y cómodo. Ése es el lugar para meditar.

ELEGIR NUESTRA UBICACIÓN EN LUGAR PÚBLICO

La intuición y la luminosidad también sirven para ayudarnos a elegir una ubicación en un restaurante o una reunión, por ejemplo, sobre todo en los casos en que interactuamos con otros. Al entrar en un espacio de ese tipo, si prestamos mucha atención, un lugar u otro se destacará y se iluminará. Tal vez debamos negociar con el camarero, que en general tiene sus ideas propias respecto de dónde deberíamos sentarnos. Pero bien vale la pena el esfuerzo, pues el lugar indicado nos dará una sensación de comodidad y emoción.

En el peor de los casos, elegir nuestra ubicación de esta manera nos llevará a una comida agradable, dada la configuración energética del salón y la dispersión de gente. En el mejor, podría llevarnos a un importante encuentro sincrónico. Muchas veces este proceso me llevó a tener una conversación sincrónica. Cuando estaba escribiendo este capítulo experimenté precisamente este tipo de sincronicidad en un restaurante local.

Ese mismo día había conocido a un hombre que hacía *jogging* cerca de casa. Hablamos un breve momento y me habló de un ionizador y filtro de aire experimental del que había oído comentarios. Yo estaba apurado, de modo que no le pregunté más detalles, pero más tarde lamenté no haber obtenido más información, porque me di cuenta de que el tipo de ionizador que había descripto podría ayudarme con un trabajo que estaba haciendo. Como no tenía ninguna forma de contactar a ese hombre, olvidé el asunto y tomé el auto para ir a desayunar en el centro. Al entrar en el Irene's Café, miré alrededor y enseguida me sentí arrastrado hacia una mesa junto a la ventana de la derecha. La mesera quería que me sentara del otro lado, pero la luz parecía resplandecer en ese lugar en particular.

Un grupo de gente hablaba en la mesa de al lado pero no les presté mucha atención; estaba concentrado en la mesa que había elegido. Con una sonrisa, la mesera me dejó sentar, me instalé y tomé el menú. Nuevamente presté poca atención a los de al lado. Luego oí una voz que me pareció familiar y miré hacia la derecha. Allí, desayunando con algunos amigos, estaba el hombre con el cual había hablado del ionizador.

De más está decir que terminamos nuestra conversación en detalle y resultó algo muy significativo para mi trabajo.

Libros, revistas y medios de comunicación

La luminosidad también señala información útil en libros, revistas y programas de televisión. Se oyen muchas historias, por ejemplo, sobre la forma en que los libros aparecen misteriosamente en la vida de la gente. Shirley MacLaine relató una versión habitual de esta experiencia en *Out on a Limb*, donde cuenta que estaba en la librería Bodhi Tree de Los

Ángeles cuando un libro que necesitaba leer en el momento literalmente cayó de un estante en su falda.[6]

Igualmente común es la historia del libro que de pronto parece luminoso y atractivo. En realidad, creo que toda persona que esté aumentando su conciencia espiritual tiene a veces esta experiencia. Podemos entrar en una librería sólo para echar un vistazo, y un libro especial atrae nuestra atención, a veces desde la otra punta del local. Parece más brillante, más llamativo. A veces podemos leer el título y el nombre del autor, cuando en realidad parecería imposible percibirlos desde tan lejos.[7]

Esta experiencia, obviamente, no se limita a los libros. Las revistas y algunos programas de televisión también pueden resultar luminosos. Si miramos con atención una estantería de revistas, muchas veces notaremos que algunas se destacan. Una inspección más a fondo en general desemboca en una noticia o un editorial particular que contiene información sincrónica.

Podemos ver televisión exactamente de la misma forma. Con el auge de los canales de cable y satelitales que hay ahora disponibles, muchas veces terminamos pasando de uno a otro sin saber qué buscamos. Con todo, si tenemos presente el fenómeno de la luminosidad, casi siempre algo atrapará nuestra mirada y después nuestro interés.

Atención al lugar en que se posan nuestros ojos

A veces notaremos que nuestros ojos se posan espontáneamente en alguna persona, un lugar o un objeto en particular. Si escuchamos con atención, podemos detectar comentarios sobre este fenómeno en discusiones actuales sobre espiritualidad. Algunos amigos míos han comentado que sus ojos se posaron espontáneamente en un camino en medio del bosque o en una revista o libro especiales. Esto difiere un poquito de la luminosidad. En este caso, nuestros ojos y mentes parecen enfocarse en alguna parte mientras nosotros estamos pensando en otra cosa.

Darnos vuelta en forma espontánea y captar que alguien nos está mirando es un ejemplo común de esta experiencia. En cualquiera de estos casos, podemos preguntarnos después: ¿Por qué alcé la vista justo en ese momento, o por qué estaba mirando ese edificio o esa plaza?

Aunque esos mensajes de nuestro cuerpo al principio pueden parecer caprichosos, a veces una intuición nos hará seguir explorando. A menudo, apenas unos minutos de acción atenta desembocan en una nueva aventura o un nuevo encuentro sincrónico.

La importancia de ser positivo

Nunca me cansaré de repetir lo importante que es mantener una visión positiva cuando aumentan nuestras experiencias de sincronicidad. Una vez que nos abrimos a la energía divina interior y encontramos una verdad que nos inspira, teniendo presentes nuestras cuestiones vitales, el flujo de sincronicidad se acelera y se vuelve más fácil de interpretar. Pero en cualquier momento podemos pasar a una interpretación negativa y perder nuestra energía.

Como dije antes, muchas veces, mientras trabajaba en *La Novena Revelación*, me sentí en lo que parecía un callejón sin salida. Había estado en un circuito de sincronicidad que era rico y significativo, y de pronto pasaba algo que me indicaba que todo el tiempo había estado en un camino equivocado. En esas oportunidades me sentía tentado de abandonar por completo el proyecto. No podía entender por qué lo que estaba haciendo se había caído a pedazos.

Estos callejones sin salida siguieron presentándose hasta que me di cuenta de que sacaba conclusiones negativas sólo porque no quería que el ritmo del proyecto se frenara. Cada uno de nosotros debe darse cuenta, solo, de que en su nivel más elevado de conciencia no hay hechos negativos. Por cierto, la vida puede ser trágica a veces y los seres humanos hacen el mal, a veces un mal extremo. Pero en el nivel del crecimiento y el significado personal es, como señala Victor Frankl en su clásico libro *El hombre en busca de sentido,*[8] la negatividad representa sólo un desafío y en la peor de las situaciones siempre hay una oportunidad de crecimiento. Cada crisis, cada callejón sin salida de nuestra evolución es simplemente un mensaje, una oportunidad para ir en otra dirección. Es posible que a nuestro ego al principio la dirección no les guste, pero nuestro yo superior puede descubrir un nuevo plan implícito en el desafío.

Decir que es importante buscar el sentido positivo en los hechos negativos a veces no basta. He visto a muchos individuos que empezaron el camino sincrónico, iniciando con éxito su viaje a la autoconciencia y el crecimiento, para luego caer en un callejón sin salida que interpretan de manera negativa, lo cual los hace abandonar todo el proceso.

Esto ocurre cuando suponemos que podemos alcanzar muy rápido nuestros objetivos e imágenes más lejanos. Si no llegamos a esas metas dentro del plazo que nos fijamos, suponemos lo negativo y nos culpamos a nosotros mismos o a otros de alguna manera o descalificamos todo el proceso. En realidad, un callejón sin salida señala que todavía nos falta energía o que no eliminamos del todo nuestro drama de control. La sincronicidad en nuestra vida funciona para ayudarnos a volver a los temas de esclarecimiento personal y a la necesidad de descubrir una postura de amor y de seguridad interior. Sólo recuperando este espacio trascendente podemos librarnos de las necesidades del yo y proceder a una lectura objetiva de las coincidencias.

EVOLUCIONAR ESTRATÉGICAMENTE

Debemos tener cuidado de que la nueva conciencia de la que hablamos sea un equilibrio entre nuestro yo racional y nuestro yo intuitivo. No descartamos nuestras facultades de discernimiento racional; lo que hacemos, más bien, es ponerlas en equilibrio con la parte más elevada de nuestro ser. De esta manera ingresamos en un universo que provee una corriente constante de pequeños milagros para guiarnos en nuestro camino.

La clave consiste en mantenernos abiertos al flujo sincrónico sin sacar conclusiones apresuradas. Cada hecho misterioso de nuestra vida es un mensaje. Si mantenemos alta la energía y recordamos la verdad que vinimos a decir, el proceso de sincronicidad continuará... tal vez no tan rápido como nos gustaría, pero continuará. A partir de nuestras preguntas actuales surgirán imágenes intuitivas de lo que podemos hacer y al comenzar a emprender esa acción y seguir explorando, nuestra corriente siempre avanzará.

Nuestra participación plena en el proceso sincrónico nos lleva de inmediato al siguiente paso en la vivencia de la nueva conciencia espiritual. Descubriremos que la mayor parte de la sincronicidad nos llega por medio de verdades de otros seres humanos. Cuando aprendemos a interactuar teniendo presente esta realidad, todos podemos elevar el proceso de evolución espiritual a un nivel más alto.

9

VIVIR LA NUEVA ÉTICA PROFESIONAL

Un efecto de la explosión de los medios de comunicación, tal como lo afirmó Marshall McLuhan en su libro fundamental *The Medium Is the Message*,[1] fue reducir la vastedad psicológica de la Tierra. Debido a la televisión, la radio y la informatización, el mundo parece más chico que nunca en la historia de la humanidad. Con un cambio de dial podemos presenciar los hechos mientras ocurren en la otra mitad del globo.

En un nivel local, el efecto de esta conversación global es que nuestra interpretación de las palabras y las expresiones, aun en distintos idiomas, sea mucho más exacta. Al achicarse el mundo vamos volviéndonos mucho más homogéneos y profundizando nuestra comprensión de los demás.

Hace apenas 120 años —el tiempo de una vida humana, casi— batirse a duelo era legal en algunas partes de los Estados Unidos. Las ofensas al honor eran en general consecuencia de un lapsus o del uso de una expresión que en cualquier otro lugar del país era perfectamente aceptable, pero en esa región habilitaba para cometer una forma de asesinato.

Errores de este tipo son cada vez menos frecuentes, ya que entre subculturas y regiones nos comprendemos con más claridad que antes. Los críticos pueden lamentar que la televisión haya erosionado muchas de nuestras diferencias regionales —y la pérdida de diversidad es un verdadero problema— pero los medios de comunicación modernos también sirvieron para que nos viéramos a nosotros mismos, y al hacerlo nos acercaron. Al homogeneizar el significado de las palabras que usamos en los Estados Unidos, y en cierta medida en el mundo, entramos en otras mentes como nunca antes, ahondando nuestro diálogo y aumentando la frecuencia de la sincronicidad.

LA ESPIRITUALIDAD DE LA CONVERSACIÓN COTIDIANA

La mayoría de los mensajes sincrónicos provienen de otras personas. Un popular adagio espiritual afirma: "Cuando el alumno esté listo llegará el profesor". Una expresión más moderna de esta idea podría ser: Si nos mantenemos abiertos y atentos, se presentará alguien con la verdad oportuna que necesitamos oír. La clave para recibir la información reside en no dejar de analizar estos encuentros, tomando, por supuesto, precauciones razonables respecto de la seguridad.

Un cruce coincidente de caminos puede producirse en cualquier momento, pero en general no ocurre a menos que estemos dispuestos a tomar la iniciativa nosotros. Por ejemplo, en el capítulo anterior postulamos que usted había intuido la idea de ir a una conferencia sobre plantas y descubrió información laboral en ese campo. Después de la conferencia, se encontró de manera sincrónica con el conferencista a la hora de la cena.

¿Y entonces? ¿Cuántas veces tiene lugar un encuentro coincidente y una o las dos partes no lo aprovecha? Con suma frecuencia. Pero creo que nuestra mayor capacidad para comprendernos nos está ayudando a revertir la situación. A medida que más individuos tomen conciencia de la verdad del proceso evolutivo, será mayor la prioridad que se dará al hecho de compartir la verdad personal con otros.

Volvamos al restaurante donde usted está sentado al lado del conferencista. Como la sincronicidad del encuentro ya se dio, el siguiente paso lógico es expresar —de la manera más honesta y reveladora, aunque no amenazadora— lo que está pasando. Usted puede ir directamente al grano diciendo: "Hoy asistí a su conferencia y me pareció muy interesante porque estoy pensando en seguir una carrera para ayudar a salvar plantas en vías de extinción".

Como respuesta, el conferencista podría decirle algo que le diera otra pista, como: "Estoy al tanto de que hay cada vez más oportunidades en ese campo por un boletín llamado *Botanical Update*". Sin duda seguiría, con una conversación así usted obtendría un ejemplar del boletín, que con toda probabilidad contendría más información.

La importancia de dar ánimo a los demás

Pero, ¿qué pasa si en un encuentro sincrónico con otra persona no aflora ningún mensaje inmediatamente, o, lo que es más probable, los mensajes son bloqueados por el miedo o un drama de control de algún tipo? En primer lugar, podemos ir hacia adentro y aumentar nuestro nivel de energía concentrándonos en el amor, la levedad y la conexión con el medio ambiente.

Desde este estado de energía más elevada, podemos ver con nuevos ojos a la persona con la que hablamos. Como dijimos en un capítulo anterior, al enfrentar un drama de control debemos enviar energía afectiva a la persona concentrándonos por entero en ella. Lo que hacemos en realidad es enviar energía espiritual al yo superior de esa persona; eso le permite aflojar los supuestos rígidos definidos por su drama de control.

Las tradiciones místicas nos dicen que esto se hace de una manera especial.[2] Una cara, con sus rasgos, contornos y sombras, se parece mucho a una mancha de tinta, del tipo de las que se utilizan en los *tests* psicológicos. De manera similar, podemos ver muchas expresiones en una cara según nuestra propia actitud. Si en nuestro drama de control esperamos encontrar a personas que intimidan, o tontas, o desdeñosas, ése es el perfil que encontraremos. De hecho, la persona con la que estamos hablando en general empieza a sentirse de esa forma, hasta es posible que hable en forma amenazadora incluso, o tontamente, o sin reflexionar, y que luego señale que se sintió como confinado a ese papel en la conversación.

Recuerde que el universo responde a nuestras intenciones. Nuestros pensamientos y creencias salen al mundo como oraciones y el medio trata de darnos lo que en apariencia queremos. La clave radica en mantener alta la energía y usar el poder de nuestras intenciones en forma positiva.

Pero, ¿cómo podemos hacerlo exactamente? ¿Cómo aplicamos este nuevo enfoque en otro ser humano? Al mirar la cara de otro, ¿en qué nos concentramos?

La respuesta es, desde luego, que debemos enfocar la totalidad de la cara del otro con una actitud de apertura. Cuando el otro habla, si prestamos atención, podemos empezar a ver su yo superior, la expresión particular que refleja la mayor conciencia y el mayor conocimiento de esa persona. Esta idea aparece expresada en distintas tradiciones religiosas como ver la gloria en la cara del otro, o a Cristo, o a un genio. Más allá de cómo lo expresemos, si empezamos a hablarle a este yo superior, este genio, y al mismo tiempo proyectamos amor, la persona empezará a introducirse en esa conciencia mientras interactuamos con ella, sintiéndola quizá por primera vez.

En esto consiste el proceso de animar a los demás que ahora podemos abordar de manera consciente. Creo que cada vez somos más los que utilizamos este proceso como postura ética más elevada hacia los otros. Sabemos desde hace miles de años que es importante que nos amemos y que los resultados pueden ser transformadores. Ahora estamos aprendiendo e integrando los detalles especiales de cómo enviar ese amor.

Es fundamental que comprendamos que amar a los demás no es sólo cuestión de ser amables. Hay un método psicológico preciso para amar al otro que debe adoptarse con una intención y una concentración específicas. Y sin embargo esta ética es totalmente egoísta porque si la ponemos en práctica siempre obtendremos del encuentro más de lo que pusimos. Cuando nos esforzamos por animar a los demás, ellos se acercan a su conocimiento del yo superior y a su sentido de propósito. Y al hacerlo, a menudo plantean un tema —ya sea un proyecto, una solución o un plan— que nos aporta un mensaje sincrónico, quizá justamente el que esperábamos escuchar.

Otro beneficio personal es un aumento de nuestro propio nivel de energía. Al enviar energía afectiva a los otros pasamos a ser el canal para una energía que se origina en la fuente divina y nos atraviesa, como una taza que se llena y se derrama sobre los demás. Muchas veces, una de las formas más rápidas de recuperar nuestra conexión divina interior cuando nos sentimos apartados es animar a otro.

Animar a otros en grupos

El proceso de animar a otros alcanza nuevas alturas cuando lo practicamos en el marco de un grupo. Imagínese lo que pasa cuando todos los integrantes de un grupo interactúan de esta manera intencional. Cada persona se concentra en el mejor yo, el genio, la luz en la cara de los demás y todos lo hacen en forma simultánea.

Una vez más, implementar este procedimiento es una cuestión de intención, que empieza en cuanto el grupo comienza su interacción. Cuando la primera persona comienza a hablar, todos buscan y encuentran la expresión del yo superior en su cara y comienzan a concentrarse allí, a enviar amor y energía. El resultado es que la persona siente que le llega una corriente de energía de los otros miembros del grupo y alcanza un sentido más elevado de bienestar y claridad. Esto provoca un efecto invernadero dentro del grupo, ya que el orador que recibe la energía agrega energía propia y devuelve lo acumulado a los demás, que experimentan una energía más elevada todavía para volver a enviarla. De esta manera, la energía del grupo se combina en un ciclo de amplificación en constante aumento.

Este aumento sistemático de energía en todos es el potencial superior de cada grupo humano. Es el fenómeno al que se refiere el pasaje bíblico que afirma: "Cuando dos o más están reunidos en mi nombre, allí estoy yo en medio de ellos". Conectarse con la suma de energía divina y amplificarla es el verdadero propósito de agruparse. Más allá de que el grupo forme parte de una Iglesia o de un equipo técnico de trabajo, este proceso puede aumentar a niveles increíblemente altos el poder creativo de los individuos involucrados.

El proceso grupal ideal

Imaginemos que cada integrante de un grupo ideal comprende los niveles potenciales de energía que pueden alcanzarse. Una vez reunidos, cada individuo cuida de estar centrado y conectado interiormente con el amor y la energía divinos. Además, cada uno es consciente de la verdad general de su vida y de sus cuestiones vitales del momento y vive en un estado de anticipación, esperando sincronicidades.

En el momento en que alguien habla, los miembros se concentran de manera intencional en la expresión del yo superior que pueden detectar en la cara del orador. De ese modo saben que están enviando intencionalmente amor y energía para animar a esa persona. Una vez que termina el primer orador, la energía pasa naturalmente a otra persona. Al producirse este pasaje, la mayoría de los miembros del grupo sentirán un vacío de energía. Pero la persona que supuestamente debe hablar después sentirá una oleada de inspiración al entrar en su mente una idea o una verdad.

Es obvio que todos hemos vivido esta experiencia muchas veces. De pronto tenemos algo que decir y si el grupo está en clima nos da el espacio para que hagamos nuestro aporte. En nuestro grupo ideal, los otros miembros sienten quién se supone que debe hablar después y en forma simultánea pasan su atención a ese individuo.

PROBLEMAS COMUNES EN GRUPOS

Esta transición de un orador a otro puede resultar delicada porque es posible que más de una persona quiera hablar en el mismo momento. Cuando esto sucede, creo que uno de los oradores está desfasado, que tal vez no escucha con atención y trata de introducir una idea que pensó antes. Cuando se introduce en forma forzada una idea en la discusión, el grupo experimenta una leve baja de energía y siente que el nuevo orador cambió inadecuadamente de tema. Siempre hay un orador apropiado, alguien que tiene la idea perfecta que ampliará el tema tratado y lo orientará en una dirección esclarecedora.

Pretensión de sobresalir

Existen otros problemas que también pueden afectar el funcionamiento del grupo. La pretensión de sobresalir surge cuando un miembro que está hablando tiene la palabra más de lo adecuado. En general sucede de la siguiente forma: la reunión del grupo transcurre de manera agradable. Cada miembro lleva la intención de enviar toda la energía posible a todos. De pronto, cuando la energía comienza a pasar naturalmente a otro, el orador no lo nota y sigue con sus propias ideas, pensando en otras cosas para decir pese a la menor atención del grupo.

Los otros integrantes perciben que el grupo no fluye bien y en general se ponen inquietos. En casos extremos, el grupo puede llegar a degenerar en una batalla de egos cuando la confusión lleva a varios miembros a tomar la palabra, cada uno de ellos convencido de que tiene algo mejor para decir.

La pretensión de destacarse en general refleja un problema con la seguridad interior. Mientras la persona habla, recibe naturalmente energía y ánimo. Si es un estado al que el individuo no puede acercarse cuando está solo, dudará en dejarlo porque se siente muy bien con la energía del grupo. La persona sigue adelante con la esperanza de mantener la atención y la energía de los demás todo el tiempo posible. Esta clase de inseguridad es común y significa simplemente que la persona debería volver a trabajar para fortalecer la energía interna y practicar más el dar que el recibir.

La clave para superar el problema de querer sobresalir es el reconocimiento inmediato. Si todos ven lo que está pasando, el problema puede corregirse con la menor perturbación posible para el grupo. La solución ideal es, lógicamente, que el orador vea lo que ocurre y se detenga. Si no es así, la persona que se sienta cargada de energía puede intervenir en forma diplomática, diciendo algo como: "¿Podemos volver a lo que dijiste antes? Me gustaría comentar algo". Si el orador actual no lo permite, también pueden intervenir otros miembros, moviendo la energía hacia la persona adecuada.

Bloqueo

Otro problema que suele perturbar a un grupo es el bloqueo, que también es consecuencia de la inseguridad de parte de alguno que trata de obtener energía y atención adoptando siempre la posición contraria. Hay muchas razones por las cuales puede surgir esa inseguridad en un grupo, pero muchas veces el catalizador es un comentario que hace uno de los integrantes sobre un tema en particular, o también puede disparar la reacción algún aspecto de la personalidad de otro miembro.[3]

El bloqueo se reconoce porque cuando el grupo avanza, un miembro interrumpe para plantear su desacuerdo con lo que dice el orador. A veces los oradores disienten naturalmente como consecuencia de la corriente de energía, en cuyo caso los otros trasladan su atención al argumento del nuevo orador. Pero el bloqueo se produce cuando un miembro habla aunque la energía no se haya movido, y en el grupo la sensación general es que el bloqueador interrumpió.

Otro signo de este problema es que, cuando los otros miembros del grupo hablan en apoyo del primer orador, el bloqueador sigue discutiendo, en muchos casos repitiendo sus argumentos. En general, la persona que bloquea una vez sigue interrumpiendo de la misma forma una y otra vez, con lo cual crea un patrón regular de reclamos de atención. El bloqueo es un problema muy serio en un grupo, porque en efecto puede entorpecer cualquier avance.

Igual que el que pretende sobresalir, el bloqueador debe ser tratado con diplomacia. Si el bloqueo es general, cualquiera puede intervenir. Pero si el bloqueo se centra en un individuo particular, la persona atacada es, quizá, la que se halla en mejor posición de enfrentar al bloqueador, por lo menos al principio.

Como ocurre al abordar un drama de control, la situación debe ser llevada a nivel consciente. Yo aconsejo que la confrontación se haga en privado, fuera del grupo. Sólo si esto no da resultado deberá tratarse el problema de modo público. Si los integrantes tienen un nivel de conciencia lo bastante alto, el tema puede hablarse eficazmente sin reacciones excesivas ni culpas.

Asentimiento

Otro problema que puede afectar a los grupos surge cuando la energía del grupo pasa a un miembro que no toma la palabra en su momento. Una vez más, esto puede sentirse como un bajón de energía, una interrupción en la corriente. Tal vez el grupo está embarcado perfectamente en una conversación que transcurre un largo rato cuando, como es habitual, la energía del orador actual empieza a disminuir y pasa a otro... pero la nueva persona permanece en silencio. Los miembros se miran confundidos, o tal vez alguien le hace señas a la persona que debería hablar y la mira, pero no ocurre nada. La persona sigue callada.

Es probable que casi todos sepamos qué es asentir. Estamos participando en un grupo y llega un momento en el cual sentimos una explosión de energía al recibir una idea, una percepción o una revelación sobre el tema que se está tratando. Se hace una pausa cuando la energía llega hasta nosotros, pero en vez de hablar, vacilamos.

Cuando ocurre, esto impide que el grupo sea todo lo eficaz que podría ser. El aporte de cada miembro en el momento indicado es fundamental para el flujo general de la verdad. En muchos casos, el resultado final, en términos de productividad, puede verse seriamente limitado si es una sola persona la que asiente. La base del problema se encuentra, desde luego, en el nivel de confianza y seguridad personal del individuo con los otros miembros del grupo. A veces el asentimiento puede evitarse o mantenerse en un nivel mínimo simplemente cuidando que los miembros se sientan cómodos entre ellos o haciendo un poco más lento el proceso grupal.

Cuando muchos miembros están inspirados, el ritmo de discusión puede acelerarse demasiado, tanto que no haya tiempo suficiente para cada orador. Si se desacelera en forma consciente este ritmo, los miembros más tímidos que no están acostumbrados al proceso grupal tienen tiempo para actuar.

Todos en algún momento hemos querido sobresalir, nos hemos comportado como bloqueadores o asentimos. Pero, siendo conscientes de estos obstáculos en la dinámica de grupo, también podemos aprender a evitarlos. Cualquier desperfecto en la dinámica de grupo puede superarse con eficacia si los miembros del grupo están atentos y hablan abiertamente de las dificultades que perciben.

GRUPOS DE APOYO

Muchas personas ya se reúnen en grupos de apoyo organizados.[4] Este tipo de proceso grupal produce muchos beneficios espirituales. Los grupos de apoyo van desde los orientados a cuestiones de adicción (que se concentran en determinados problemas como el alcoholismo, las drogas, la codependencia, la obesidad o la compulsión a comprar) hasta grupos destinados a cuestiones particulares de la vida (como la paternidad o maternidad, vivir solo, enfrentar la muerte y morir, separarse, divorciarse o encontrar el trabajo adecuado).

También existe un tipo más general de grupos de apoyo que se ocupan de cuestiones más positivas y activas. Este tipo de grupo se concentra en ampliar la capacidad creativa e intuitiva y la experiencia sincrónica. Dichos grupos proporcionan a sus miembros un foro para probar la realidad de sus percepciones espirituales y sus sueños. El objetivo de dichos grupos es mantener alto el nivel de energía de todos los miembros para que puedan ayudarse mutuamente a seguir creciendo al tiempo que aumentan juntos su energía y su percepción.

Salud y bienestar

Muchos de estos grupos prestan especial atención a las necesidades de cada miembro en cuanto a su bienestar. Pueden llegar incluso a poner a cada miembro en el centro del grupo y proyectar hacia él energía e intención de cura, visualizando que los átomos del cuerpo de la persona vibran en perfecto orden. Está científicamente probado que este tipo de intención grupal focalizada puede funcionar con la misma fuerza que la oración.

Si usted ya pertenece a un grupo de apoyo, le recomiendo que incorpore con regularidad este procedimiento a sus encuentros. Formen un círculo y alternen posiciones para dirigirse intenciones saludables unos a otros. Por cierto, este ejercicio no debe sustituir en ningún caso la consulta a un profesional de la salud cuando corresponda, pero sabemos que este proceso da resultado para apuntalar la energía de la salud.

Encontrar un grupo

Si usted no está actualmente en un grupo, puede llegar un momento en que su inquietud sea: "¿Cómo hago para encontrar un grupo?". En ese momento si se halla alerta, sin duda la sincronicidad pondrá el grupo indicado en su camino. Recuerde, no obstante, que trabajar para mantener elevado su nivel de energía contribuirá a optimizar el funcionamiento del grupo, porque si llegamos a un grupo sintiéndonos inseguros recurriremos a él como fuente primordial de energía. Cuando esto ocurre, nos interesará más recibir que dar, y los otros miembros vivirán esta dependencia como un desgaste de su energía.

Tomar conciencia de nuestro drama de control y descubrir nuestra verdad general son pasos que podemos elaborar dentro de un contexto grupal, siempre y cuando todo el grupo se consagre a esa tarea. El diálogo de grupo también es útil para examinar la inquietud actual en nuestra vida, para analizar intuiciones, interpretar sueños y discernir el significado de una sincronicidad determinada.

Una vez que estamos listos y podemos mantener la energía, creo que nuestro mejor grupo se presenta solo. De vez en cuando he visto, no obstante, alguna persona que parece lista pero que no puede encontrar un grupo. Siempre he creído que, si estamos listos para un grupo y no podemos encontrarlo, lo que debemos hacer es empezarlo. Puede parecer difícil, pero estoy convencido de que lo único que tenemos que hacer es declararnos a nosotros mismos un grupo y permanecer atentos. Muy pronto estaremos en el almacén o en el *shopping* hablando con alguien que menciona al pasar que también busca un grupo. De pronto se formó uno.

ROMANTICISMO

Al considerar nuestra nueva ética interpersonal, un tema de lo más apremiante es el de las relaciones románticas. A la luz de la nueva conciencia espiritual, nos formulamos las mismas preguntas de toda la vida: ¿Cómo hacemos para que nuestras relaciones románticas duren? ¿Por qué el amor romántico muchas veces termina, degenerando en una compleja lucha de poder?

La experiencia romántica habitual comienza fácilmente. Miramos alrededor y, de repente, allí está la persona de nuestros sueños. La primera conversación lo confirma. A diferencia de las atracciones unilaterales que todos hemos experimentado, ésta parece ser real; el sentimiento es mutuo. Encontramos innumerables valores y preferencias de vida en común.

Y, bueno, ¡qué emoción! El amor entra en ebullición y el sexo es ardiente y sentimental. Tal vez, con el tiempo, solamente salimos o nos casamos y hacemos planes para el futuro. Por primera vez, quizás, en muchos años, nos sentimos contentos y hasta comentamos que encontramos la parte que nos faltaba, la persona que hace que valga la pena vivir.

Y entonces algo ocurre. Un día miramos y notamos algo que no anda muy bien en la situación. Nuestra pareja tiene un comportamiento que no responde al espíritu del romanticismo. Él o ella no nos presta la atención que sentíamos cuando empezó la relación. O tal vez nos damos cuenta de que, en nuestra excesiva exuberancia, no notamos que en algún área de la relación la persona nunca nos brindó la atención que necesitábamos. Curiosamente, al mismo tiempo, nos damos cuenta de que nuestra pareja tiene su propia serie de quejas respecto de nosotros, que encuentra defectos en nuestra manera de ser o de actuar. Empezamos a defendernos, como hace nuestra pareja, y empieza oficialmente la típica lucha de poder.

La lucha por la energía

Desde la perspectiva de la nueva conciencia espiritual, ahora sabemos qué pasa. El amor termina y se convierte en una lucha de poder porque empezamos a depender de la energía del otro y no de nuestra propia conexión con lo divino.

Veamos la dinámica social tal como se manifiesta en

general el problema. Según la vieja mentalidad materialista, un niño crece con una madre que lo cuida, que lo alimenta y supervisa su seguridad. El padre es más exigente: después de todo, el hijo debe aprender la dura verdad del mundo para hacerse hombre. En la mente del niño, la madre pasa a ser una figura mágica. Tal vez haya que mantenerla a distancia si el cariño resulta demasiado asfixiante, pero él espera que ella esté, en sentido psicológico, siempre que su nivel de energía esté bajo.

Una niña también es cuidada por la madre. Pero, para ella, la madre también es exigente, porque se siente más responsable de enseñarle su papel de mujer. El padre, por lo menos en los primeros años de formación, puede ser la figura mágica que la mima y la pone en un pedestal. Él está siempre en sus fantasías para hacerla sentir segura.

Esta división estereotipada de papeles y actitudes observadas todavía nos afecta. Podemos afirmar que en el mundo moderno estas divisiones de papeles no tienen ningún significado, pero la programación psicológica inconsciente a menudo aparece en las relaciones y se convierte en la base de las luchas de poder por la energía. Las parejas empiezan a encontrar defectos y a sentirse insatisfechas con el otro porque necesitan de la otra persona mucho más de lo que puede llegar a ocurrir.

Cuando nos enamoramos, al principio aunamos nuestras energías de una forma que nos da sensación de plenitud. Nuestra pareja revive no sólo el recuerdo del padre o madre cuidador sino también la sensación de aquella relación. Nuestras fantasías proyectan en nuestra pareja excesivamente humana la ilusión mágica que experimentamos por primera vez con nuestros padres o madres de chicos. Por lo tanto, en general no vemos cómo es realmente en profundidad nuestra pareja: vemos sólo lo que fantaseamos.

A medida que la relación avanza, esa sensación de "enamoramiento" empieza a desvanecerse para los dos, pues ninguno responde a la imagen mágica que el otro proyectó. El hombre comete errores financieros, pierde su trabajo o llega tarde porque fue a ver un partido. La mujer ya no está para dar cariño cuando las cosas no andan bien. La burbuja de perfección empieza a venirse abajo.

En algunos casos, la desilusión con nuestra pareja es tan grande que de inmediato hacemos planes para dejar la relación y encontrar a otro amante soñado que no nos decepcione. En esos casos no hacemos más que empezar otra vez el círculo. En otros casos, los amantes siguen juntos pero se encierran en un esquema repetitivo de dramas de control.

Sin embargo, ahora, gracias a la expansión de nuestra conciencia, contamos con otras opciones. Podemos optar por actuar en base a la dinámica de energía implícita en el problema.

Integrar lo femenino y lo masculino interior

Hasta ahora hablamos de las experiencias trascendentes o místicas como medio para abrir nuestra conexión con la energía divina en la forma de fuente única de energía que vivimos como amor, levedad y seguridad... y así es. Pero experimentar esa energía también tiene características masculinas y femeninas. Carl Jung y otros psicólogos reconocidos han demostrado, en sus estudios sobre la naturaleza arquetípica de nuestra psique, que, si queremos abrirnos a todo el potencial de la conciencia transpersonal, debemos asumir e integrar los aspectos masculino y femenino de nuestro yo superior.[5]

Si somos varones, para conectarnos con la energía divina interior debemos localizar, cortejar y finalmente tomar la energía femenina cuidadora que hay dentro de nuestro ser. Si somos mujeres, debemos encontrar en nuestro interior la parte masculina proveedora y protectora que asume riesgos.

Con esta verdad en mente, vemos la lucha de poder masculino/femenino tal como es: síntoma de un problema amplio que nuestra sociedad denominó sin demasiado rigor "codependencia".[6] Cuando dos personas se encuentran y se enamoran, en realidad fusionan sus campos de energía de una manera que aporta la parte faltante en cada uno: masculina o femenina. Empiezan a depender de esa energía. A medida que avanza la relación, cada uno empieza, sin embargo, a dudar del otro y los niveles de energía decaen. Entonces ambos vuelven a caer en sus respectivos dramas de control para tratar de recuperar la energía.

Si queremos tener relaciones duraderas antes que treguas en la guerra fría, debemos comprender la dinámica energética antes de iniciar un romance. Para poder estar dispuestos a una relación duradera, todos debemos encontrar la energía sexual opuesta que llevamos. En cierto sentido, alcanzar este equilibrio de lo femenino y lo masculino dentro de cada uno debe ser una especie de rito de pasaje adolescente tan importante como terminar el secundario o aprender a manejar. Nadie puede llegar a tener una relación óptima si no está seguro y espiritualmente completo en su interior.

ESTAR BIEN SOLOS

¿Cómo sabemos si alcanzamos ese equilibrio masculino/femenino de energía y adquirimos seguridad interior? Creo que una señal es la capacidad de sentirse seguro y productivo viviendo solo. Esto significa sin compañeros de habitación u otras personas con las que nos vinculemos durante todos nuestros momentos de vigilia. Debemos sentirnos bien al prepararnos la comida, y comerla no de pie frente a la cocina, sino con elegancia, a la luz de las velas, con la mesa bien puesta. De vez en cuando debemos disfrutar saliendo —ir al cine, quizá— o agasajándonos con vino y una cena como lo haríamos con un ser querido.

Asimismo, debemos velar por nosotros en cuanto a nuestras finanzas, hacer planes para el futuro, negociar nuestros contratos y desarrollar actividades en nuestro tiempo libre. Para ser seres íntegros debemos confiar en lo divino que encontramos dentro de nosotros mismos, y esto no implica egoísmo o un repliegue indiferente en cuanto al resto de la sociedad. De hecho, diría que sólo podemos vincularnos con el resto de la sociedad de una manera sana si integramos toda nuestra energía interior.

Recién entonces enfrentamos la posibilidad de relaciones románticas de verdad. El terapeuta de parejas Harville Hendrix señala, en sus libros esenciales *Getting the Love You Want* y *Keeping the Love You Find,*[7] que, mientras busquemos que la energía nos llegue de otro, estaremos atrapados en relaciones que no son más que escenarios de luchas de poder.

Creo que las asociaciones a través de las cuales exteriorizamos y finalmente tomamos conciencia de nuestros problemas de luchas de poder nos llegan de manera sincrónica y son de hecho relaciones sagradas, tal como lo afirma *A*

Course in Miracles.[8] La imagen de nuestras adicciones se nos aparece una y otra vez bajo la forma de diferentes personas hasta que captamos el mensaje. Estas relaciones surgen para que podamos trascender nuestra necesidad de ellas, por poco romántico que parezca; sólo entonces podemos volver a recurrir a la conexión divina interior para encontrar amor y seguridad. Si estamos solos, se nos acercará una persona tras otra buscando un igual codependiente. Si saltamos de una a otra no ganaremos nada. Sólo resistiendo esa compulsión podemos tener tiempo de fortalecer nuestra conexión interior y adquirir la energía necesaria para encontrar nuestra alma gemela más adecuada.

Relaciones actuales

Teniendo en cuenta todo esto, ¿qué debemos hacer con nuestras relaciones actuales?

Me parece que podemos hacer frente al desafío de integrar nuestras dos energías sexuales permaneciendo en una relación, pero sólo si las dos personas comprenden la dinámica energética del proceso y trabajan juntas. Intentar el proceso en forma individual es mucho más difícil.

La respuesta radica en que cada pareja vuelva al amor cuando estallan las luchas de poder. Presten atención a lo que ocurre cuando comienza una pelea. Uno o los dos están descontentos con el comportamiento del otro porque no está a la altura del recuerdo del padre ideal o mágico que proyectan y porque su fuente de energía interior es débil. Necesitamos que la persona responda a ese ideal porque eso nos permite relajarnos mentalmente y contar con nuestra pareja para nuestra seguridad. Esta proyección y, de hecho, todo el intento de apoyarse en otro como sustituto de la energía divina interna nunca dan resultado y siempre desembocan en la lucha de poder.

La solución es volver al estado de amor y de seguridad interior, aun cuando la batalla avanza, y animar a la otra persona con toda su fuerza. Para hacerlo es necesario que usted haya vivido algún tipo de conexión mística trascendente en el pasado, que pueda recordar para poder remitirse a ella. En otras palabras, volver al amor no es una idea; es un momento realmente transformador en el cual volvemos a alcanzar un estado de amor y seguridad que deriva de la energía divina interior.

Nuevamente, saber si lo hacemos o no siempre es una cuestión de evaluación individual. *A Course in Miracles* diría que dos personas juntas pueden alcanzar ese estado en la mitad de una pelea si están suficientemente enamoradas. No obstante, en el fragor de una lucha de poder es muy difícil lograrlo. Para muchos que se encuentran en una relación problemática, una separación física resulta útil, al menos una separación en el tiempo que pasan juntos. De todos modos, funciona si las dos personas usan ese tiempo para encontrar una apertura mística, la posibilidad de una experiencia mística personal y luego llevan esa capacidad de vuelta a la relación.

Entonces, ¿qué hacemos si sentimos en el corazón que estamos en la relación equivocada? ¿Abandonamos a nuestra pareja? Ésta es una opción que eligen muchos, pero si no buscamos la plenitud personal antes de sumergirnos en otra relación romántica, lo único que haremos es repetir los esquemas de nuestras viejas relaciones.

¿Cómo sabemos que estamos listos y que equilibramos lo masculino y lo femenino dentro de nosotros? Algunos terapeutas afirman que, por más que creamos tener las cosas claras y por mucha energía que hayamos alcanzado, nuestras capacidades de amor y seguridad interior se ven puestas a prueba en nuestras relaciones, y estoy seguro de que es así. Pero también estoy convencido de que la energía y la seguridad que aprendemos a generar internamente constituye el factor más importante para el éxito.

PATERNIDAD Y MATERNIDAD

Ninguna actividad humana es tan iluminada por la conciencia espiritual emergente como la paternidad y la maternidad, y ninguna otra área de la vida es tan importante para aplicar la nueva ética interpersonal. Al expandirse nuestra conciencia espiritual, la responsabilidad hacia nuestros hijos aumenta y se vuelve más evidente. Así como nacimos de nuestros padres para conocer el mundo, nuestros hijos nos eligieron a nosotros. Quieren aprender nuestra forma de ser, cómo determinamos la reacción adecuada a diferentes situaciones, y nuestra estrategia de expectativa que contribuye a crear el futuro. Y, como veremos en los próximos capítulos, esta relación entre las generaciones es el mecanismo a largo plazo para la evolución y el progreso humanos. Lo que la sociedad humana alcance en definitiva depende, en gran medida, del grado de conciencia con que cada uno de nosotros se sume a este proceso.

La clave está en que recordemos dónde estamos al expandirse nuestra conciencia personal y transmitir todo el alcance de dicha conciencia a nuestros hijos. Es fácil regresar a la vieja cosmovisión materialista que aprendimos de nuestros padres, diciéndonos que un niño no puede captar las complicaciones del crecimiento interior que estamos experimentando. Con frecuencia nos concentramos en cambio en el aspecto material y social de la vida, criando a nuestros hijos más o menos como nos criaron a nosotros.

La parte más importante de la paternidad y la maternidad consiste en hallar las palabras simples para transmitir nuestros sueños y experiencia espiritual. Hay formas de expresar nuestras creencias sobre la energía divina interior, sobre los dramas de control que se interponen en nuestro camino y la fuerza orientadora de la sincronicidad que un niño puede entender si encontramos el valor de intentarlo.

Mantenernos centrados al disciplinar

Otro aspecto importante de la paternidad y la maternidad que pone de relieve la nueva ética es el acto de la disciplina. En la actualidad disponemos de una buena comprensión científica respecto de lo que pasa en muchas familias, y la sociedad se indigna frente al maltrato absoluto que ha habido en el pasado. En una época cerrábamos los ojos al grado de incesto y violencia que existía en nuestras familias, pero ya no. Ahora estamos como halcones al acecho de signos de mala paternidad o maternidad.

Pero cuando contemplamos la maternidad y la paternidad desde el punto de vista de la dinámica energética, vemos que también debemos estar en guardia respecto de las formas más sutiles de maltrato: absorber la energía de nuestro hijos simplemente por la manera en que interactuamos. En cierto modo, debemos aprender a caminar por un camino angosto. Si algo aprendimos en las dos últimas generaciones, es que también podemos herir a nuestros hijos adoptando un enfoque de no intervención respecto de la disciplina. Cuando los niños maltratan a otros o ignoran las realidades del mundo, es necesario ponerles un límite. El padre o la madre debe enseñar a sus hijos con una especie de amor duro. Nuestro hijos vienen a nosotros para aprender a vivir con los demás, a socializarse, y no transmitirles esas lecciones equivale a abandonarlos. Debemos encontrar la manera de enseñar a nuestros hijos las consecuencias sin por ello oprimirlos.

Este enfoque equilibrado comienza, creo, con la verificación constante de nuestro propio nivel de energía. En cada interacción con nuestros hijos, debemos evaluar si nos mantuvimos conectados con nuestra energía interior, y así somos capaces de sostener una intención de amor, con independencia de la situación. Lo peor que puede pasar es que no seamos conscientes, que caigamos en nuestro viejo drama de control y, por ejemplo, adoptemos con nuestros hijos un modo Interrogador, rodeándolos y quitándoles su energía. Lo único que logramos así es forzarlos a diseñar su propio drama de control como medio de defensa.

Nuestro desafío consiste en recordar la dinámica energética implícita. Cuando nuestros hijos ignoran reglas y se precipitan sin conciencia, podemos detenerlos y corregirlos y al mismo tiempo animarlos concentrándonos en el genio de su rostro. Lo que queremos es transmitir el mensaje psicológico: “Lo que hiciste no estuvo bien, pero eres muy bueno”.

Nuestro objetivo es estar siempre presentes con nuestra energía, enseñándoles nuestra visión del mundo y nuestra verdad sobre lo que deben considerar para tener una vida plena, lo cual incluye la expectativa de que encuentren finalmente su propia conexión con lo divino. Éste es el momento en que debemos estar preparados para dejarlos seguir su propia dirección.

¿Por qué nos eligieron nuestros hijos?

¿Por qué nos eligieron nuestros hijos? Si en cierto sentido del yo superior nosotros elegimos a nuestros padres, y las experiencias con ellos desembocaron en una preparación general que nos ayudó a despertar a la verdad para decir al mundo, sabemos que ese mismo proceso está produciéndose con nuestros hijos. Al presentarnos como somos realmente, les damos una preparación que vinieron a recibir con nosotros.

No obstante, debemos tener cuidado al pensar cuál es la preparación que les corresponde o cuáles deberían ser sus verdades, porque nadie está calificado para evaluar esa experiencia excepto ellos, en algún momento futuro. En mi opinión, los padres cometemos un gran error cuando damos por sentado qué deben hacer y ser nuestros hijos. Esta presunción no hace más que estrechar las opciones para esas almas bajo nuestro cuidado, un error que puede crear décadas de resentimiento.

Esto no quiere decir que no tengamos intuiciones sobre el sentido de la vida de nuestros hijos. Creo que sí. ¿Qué padre no sueña futuros para sus hijos con la sensación inequívoca de que lo que ve es una posibilidad real? Los padres podemos tener percepciones especiales no sólo respecto de planes educativos y de carrera sino sobre distintos problemas psicológicos de los que nuestros hijos deben tomar conciencia si quieren que sus vidas cumplan sus destinos.

Lo que habría que decir quizás es que, aunque tengamos visiones intuitivas sobre los caminos futuros de nuestros hijos, no debemos de ninguna manera sacar conclusiones o crear profecías autogratificantes. Al hacerlo estamos quitando a nuestros hijos autoridad sobre su propio futuro, que siempre será más amplio y más sincrónico que nuestras intuiciones. Lo único que podemos hacer es compartir nuestros sentimientos resistiendo al mismo tiempo la tentación de mirar constantemente por sobre sus hombros o guiarlos en cada callejón sin salida. En muchos casos, los errores que cometan les enseñarán lecciones que resultarán esenciales para ellos más adelante en la vida.

La dimensión más amplia de la paternidad y la maternidad

Considero que, para captar plenamente las derivaciones espirituales de la paternidad y la maternidad, debemos ver este aspecto de la vida desde una perspectiva más amplia. Nuestros hijos están aquí con nosotros porque quieren aprender nuestra visión de la vida, que incluye nuestras creencias espirituales. Repito: no hay nada más importante que compartir abiertamente nuestra vida con nuestros hijos. Por cierto, debemos ser concientes de que la edad sea la adecuada para tratar algunos temas, pero también debemos ser honestos. Podemos buscar maneras de comunicar lo que estamos viviendo y lo que descubrimos espiritualmente para aprovechar al máximo nuestra vida, de modo que nuestros hijos puedan oír y comprender.

En las familias puede surgir otro problema cuando una

madre o un padre transforma la paternidad o la maternidad en una carrera. No me refiero al ama de casa de tiempo completo o al marido que está en la casa, que probablemente sigue creciendo y evolucionando. Me refiero a los que dejan de vivir y empiezan a concentrar toda su atención en sus hijos y viven por delegación a través de las experiencias, buenas y malas, de sus hijos.

Peor aún es el padre o la madre que pone al hijo o la hija como determinante de su autoestima y su *status* social, como vemos en los padres y madres que abiertamente atribuyen una gran importancia a los triunfos del equipo de fútbol o en los concursos de belleza infantil. Es sumamente importante que sigamos siendo creativos y desarrollemos nuestra propia verdad. Nuestros hijos nacieron de nosotros para poder ver nuestras vidas en acción, y al hacerlo, ser capaces de aprender de este crecimiento y desarrollarse a partir de él.

A la larga, por supuesto, es un camino de doble vía. Nuestros hijos nos ayudan a aclarar nuestro significado y nuestro crecimiento sincrónico. Si bien al principio somos los dadores de energía, muy pronto nuestros hijos empiezan a devolvernos mensajes sincrónicos importantes. Al emular nuestro comportamiento, nos muestran la imagen de lo que somos con más claridad. Y esto incluye mucho más que nuestras expresiones verbales y la forma en que hablamos. Más adelante incluye nuestras actitudes mismas y la manera en que creamos.

Si nos negamos a enfrentar algunos dramas y reacciones negativos, éstos nos volverán reflejados en el comportamiento de nuestros hijos. De ese modo, como veremos más adelante, los hijos serán castigados por los pecados del padre o la madre de una manera sociológicamente real. Aunque más no fuera, este solo hecho debería motivarnos aún más para ser claros, mantener la conexión con la energía interior y mostrar como modelo una vida que evolucione en forma consciente.

VIVIR LA NUEVA ÉTICA

Como vimos, el alcance de esta nueva ética interpersonal es muy amplio. Una vez que llegamos al nivel de conciencia en el que, como sabemos, se produce la mayor parte de nuestra sincronicidad a través de otras personas, empezamos a usar la dinámica energética que aprendimos para animar a todos los que están en nuestra vida. Ya vimos que esto funciona tanto de manera individual como en grupos de todo tipo y es en especial importante en las relaciones románticas. El romanticismo desafía nuestra capacidad para mantenernos centrados y conectados y reafirma la necesidad de confiar en nuestra fuente interior de energía divina para sentirnos seguros. La ética siempre consiste en dar energía a nuestra pareja, no tomarla, y esta capacidad determina cuán buena puede resultar la relación.

Con los hijos, una vez más, la ética consiste en darles energía, guiarlos sin controlarlos en exceso y dejarlos conocer quiénes somos en realidad. La recompensa es la misma sincronicidad rica que vuelve a nosotros cuando ejercemos esta ética con todos. Cuanto más amor y energía damos, más rápido nos llegan los mensajes sincrónicos y más creativas, eficaces e inspiradas son nuestras vidas individuales.

No obstante, creo que en el hecho de adoptar esta nueva ética hay una motivación más profunda todavía. En lo más hondo, sabemos que, gracias a que un número considerable de individuos mantiene su energía en cierto nivel y se esfuerza por vivir esta ética, el mundo se apresta a dar grandes pasos en la evolución.

10

El avance hacia una cultura espiritual

Nuestro siguiente paso para vivir la nueva conciencia espiritual comienza con una intuición compartida respecto de adónde nos lleva esta evolución de la conciencia. ¿Qué pasaría, por ejemplo, si todos vivieran la nueva conciencia tal como la describimos hasta ahora? ¿En qué cambiaría la cultura humana?

Buscar las respuestas a estas preguntas comienza a abrirnos a una visión interior del destino humano, y creo que ya podemos ver algunos aspectos de nuestra cultura en transformación.

La importancia del diezmo

La existencia de una ley universal del dar y el recibir es una afirmación ubicua en la literatura clásica mística. Ya sea el concepto bíblico de ¿cosechar lo que sembramos? o la ley del karma en Oriente, las religiones nos enseñan que nuestras intenciones y acciones vuelven a nosotros, para bien o para mal.

Muchos pensadores religiosos y místicos aplicaron este principio a la circulación del dinero en la sociedad, relacionando esta idea esotérica de causa y efecto con la idea del diezmo de las Escrituras. Charles Fillmore, fundador de la Iglesia de la Unidad, Napoleon Hill y Norman Vincent Peale afirman que dar amor y energía, lo cual incluye dar dinero, siempre crea en el mundo un efecto que genera aún más dinero y oportunidades para quien los da.[1] Hasta donde yo sé, nadie ha hecho una investigación formal en esta materia, pero las pruebas anecdóticas que sustentan este principio, a medida que más personas ponen en práctica el procedimiento, parecen aumentar con rapidez.

El problema que tuvo lugar en el pasado es que las iglesias tradicionales, influidas por el viejo paradigma que quitaba todo misterio y milagro al universo, hablaba de los diezmos sólo durante su recaudación anual. Eso hacía pensar que el diezmo era sólo una manera de apoyar a las iglesias. Sin embargo, creo que compartir abiertamente la experiencia espiritual en estas últimas décadas está ahondando rápidamente nuestra comprensión del procedimiento del diezmo. Cada vez es mayor la creencia de que el acto de dar implica un proceso metafísico por entero congruente con nuestro conocimiento de que el universo es sensible.

Otra cuestión que se planteó en el pasado fue dónde dar nuestros diezmos. Algunas personas creen todavía que sólo las iglesias fundadas están habilitadas, porque son los custodios de la fe y proporcionan una corriente constante de información espiritual. Otros afirman que toda donación caritativa es en esencia un diezmo y que por ende compromete al universo a una respuesta. Yo creo que estamos descubriendo que el diezmo es un proceso que siempre debe hallarse integrado al resto del movimiento sincrónico en nuestras vidas. En otras palabras, sabremos dónde dar tomando como base la sincronicidad de la situación.

Desde esa perspectiva, hay dos tipos de diezmos. Uno es intuitivo, una respuesta a un impulso de dar dinero a un individuo u organización porque nos sentimos interiormente llamados a hacerlo. Un amigo mío dice que lo guía la pregunta: "Si Dios no pudiera venir y te enviara a ti en Su lugar, ¿en qué cambiaría Dios la situación?". En el nivel más elevado, damos porque estamos. Si no respondemos a la situación, ¿quién lo hará?

El otro tipo de diezmo, que es especialmente significativo para la transformación de la sociedad humana, es el diezmo dado a nuestras fuentes de información espiritual, o sea, a las fuentes específicas de nuestros momentos sincrónicos cotidianos. Dado que las iglesias y las organizaciones espirituales pueden aportarnos información en el momento justo, por cierto seguirán siendo beneficiarias de diezmos, pero también los individuos. Como ya vimos, casi siempre son mensajes de otros los que nos permiten avanzar en nuestro recorrido. Pagar un diezmo es una forma de responder.

Imaginemos por un instante que todos los que están viviendo su crecimiento sincrónico empiezan a pagar un diezmo a otros de esta manera. Comenzaría todo un nuevo tipo de circulación económica. Daríamos dinero espontáneamente a las personas que nos traen mensajes y, al decir nuestras verdades a otros, el dinero vendría a nosotros de la misma forma. (En mi caso personal, he recibido muchos diezmos y mi política es la de hacer circular el dinero con un diezmo mío. Y pediría a cualquier persona que quisiera darme un diezmo en el futuro que por favor hiciera llegar ese dinero a una obra de caridad.)

Creo que dar de manera espontánea complementa nuestro sistema económico, confirmando así la idea y la convicción de que la sincronicidad puede complementar y ampliar la concentración exclusiva en la planificación lógica que sostenía el viejo paradigma. No estamos renunciando a las grandes redes de personas con las que ya tenemos una actividad comercial de la manera económica habitual. Estamos sumándonos espontáneamente a ellas, liberando todo el sistema económico global para que salte a un nivel más alto de productividad.

La nueva economía

Introducir la práctica de pagar el diezmo en forma sincrónica también nos ayuda a adaptarnos a varias otras tendencias económicas que están resultando perturbadoras: la reestructuración de las industrias, empresas y sociedades y el estancamiento de los salarios en los países en desarrollo debido a la competencia global

La reestructuración no es posible a menos que los empleados que quedan puedan aumentar su productividad, que es exactamente lo que permiten las computadoras y los mejores sistemas de comunicación. Cabe esperar una mayor competencia salarial si el resto del mundo va a participar en el nivel de creatividad que hemos alcanzado en los países desarrollados, o sea que esta tendencia continuará y debemos adaptarnos. Esto, por cierto, no significa que debamos estimular a los países en vías de desarrollo a cometer los mismos errores que cometimos nosotros, como el uso antieconómico de los recursos o la explotación de los trabajadores, pero la mayoría coincidimos, creo, en que tienen derecho a participar en la economía mundial.

Entonces, ¿cómo manejamos estas cuestiones? En primer lugar, debemos ver la dimensión más amplia de la evolución económica.[2] En los Estados Unidos, algunos de los indicadores económicos más observados son los que miden la productividad, la cantidad de bienes y servicios producidos por unidad de trabajo. Si nuestra producción sube, pensamos que nuestra economía es sana y está creciendo. No obstante, debemos preguntarnos: ¿Dónde desemboca este proceso? Cada año serán menos los individuos que proveerán cada vez más necesidades básicas de la vida.

Nuestro desafío radica en pensar en esta evolución no como algo negativo, sino sumamente positivo, porque de este proceso derivará en definitiva la liberación de nuestra atención creativa. Podemos ver, creo, que gran parte de lo que estamos viviendo forma parte de la evolución económica destinada del mundo, y la mejor manera de orientarnos es siendo conscientes del proceso.

En el corto plazo, debemos adaptarnos al cambio de la fabricación industrial, que cada vez será más automatizada, a los empleos y empresas que no suministran bienes, sino información. Y los datos muestran que ya estamos allí. En los Estados Unidos son cada vez más las personas que inician sus empresas; sin embargo, las empresas no son negocios al pormenor o locales que requieren grandes cantidades de capital; son empleos especializados, manejados desde casas de individuos. En los Estados Unidos, casi 35 millones de unidades familiares tienen en la actualidad negocios hogareños flexibles, y la mayoría de estos trabajos pertenecen al sector de la información.[3]

Pero creo que podemos ver a largo plazo que por fin nuestras necesidades básicas serán totalmente automatizadas y que nuestra vida económica girará casi por completo en torno del flujo de información oportuna. Al principio será información referida al proceso de automatización, pero a la larga reflejará nuestra evolución hacia una cultura espiritual e involucrará la información de naturaleza puramente espiritual.

Resulta obvio, que la implementación del diezmo en el sistema facilitará este proceso, complementando al principio nuestros ingresos al cambiar la economía y luego, en forma gradual, reemplazando el viejo sistema de cobrar por nuestros servicios por un sistema a través del cual cada uno dice su verdad en un flujo permanente de encuentros sincrónicos y recibe dinero cuando los receptores dan diezmos. Por indigno que esto parezca desde el punto de vista del viejo paradigma competitivo, creo que podemos comprender que un sistema así es inherente al funcionamiento del capitalismo.

Como veremos más adelante, si estamos en verdad motivados por el principio capitalista de hallar una necesidad y satisfacerla, éste es el único futuro posible para nuestra economía. La primera etapa para montar dicho sistema sería un derecho básico a la propiedad de las industrias automatizadas, quizás a través de acciones. Esto garantizaría el acceso a las necesidades de subsistencia, luego de lo cual ganaríamos ingresos suministrando información y servicios sincrónicos. Por último, con dicho sistema podríamos dejar de usar la moneda, tal como lo han profetizado los escritores de ciencia ficción. Por supuesto, esto supone que la nueva conciencia espiritual que describimos hasta ahora ya sea una realidad humana.

Además, deberían producirse descubrimientos tecnológicos clave, entre ellos una fuente de energía de bajo costo. Pero estamos más cerca que nunca de estos descubrimientos. Según el doctor Eugene F. Mallove, estamos a punto de aplicar varias nuevas fuentes de energía, incluido el discutido proceso de la fusión fría.[4] Si puede integrarse un sistema de energía de bajo costo a la economía mundial, la automatización se incrementará.

Y lo que es, quizá, más importante de todo es que debemos empezar ya a vivir esta nueva idea económica. ¿Habrá problemas económicos en el camino? Si William Greider está acertado en su reciente libro *One World, Ready or Not*,[5] debemos estar preparados para algunas perturbaciones económicas derivadas de la especulación financiera actual. Según Greider, todo el mundo se halla en la misma posición que los Estados Unidos enfrentaron en 1929: demasiado crédito para la especulación económica. Cuando en 1929 la burbuja explotó, se produjo de repente una falta general de dinero en efectivo. Los Bancos que habían prestado a los depositantes dinero para especular quebraron y tuvieron que cerrar sus puertas, y mucha gente perdió sus ahorros de toda la vida.

En respuesta a esto, los Estados Unidos implementaron límites al crédito interno e instituyeron el seguro sobre los depósitos; muchos otros gobiernos hicieron lo mismo. Pero en los últimos años, como reacción al mercado mundial cada vez más grande, los gobiernos permitieron que el capital financiero cruzara las fronteras sin demasiada regulación, o sea que ahora hay una cantidad creciente de dinero que se invierte y con el que se especula a nivel internacional exactamente de la misma forma que creó el colapso económico en 1929. Hoy, esta especulación internacional afecta a las principales divisas, sin que ningún gobierno pueda hacer mucho al respecto. Enormes cantidades de dinero pueden pedirse prestadas en un país e invertirse de modo especulativo en otro con pocas limitaciones. ¿Podría producirse algún paso en falso, una fusión, capaz de poner en grave peligro la salud de uno o más sistemas bancarios o monedas de los países? Por supuesto que sí.

Estos problemas globales no hacen más que acentuar la necesidad de que las economías locales se tornen más fuertes. El diezmo sincrónico puede impedir y eludir problemas derivados de otros excesos.

SINCRONICIDAD Y ENERGÍA

¿Qué pasa con los otros cambios en la cultura humana que están produciéndose debido a la nueva conciencia espiritual? Tal vez el más importante sea la expansión continua de nuestros niveles personales de energía. Una vez que experimentamos la plenitud de la energía durante una experiencia mística y la sincronicidad de nuestras vidas empieza a revelar nuestra verdad personal, podemos establecer en forma sistemática en nuestra vida —al transmitir dicha verdad— grados cada vez más elevados de esa energía mística original. En otras palabras, permaneciendo en el camino sincrónico somos capaces de vivir en estados de energía cada vez más elevados.

¿Y no es éste, acaso, el proceso implícito en la historia humana que ha prosperado desde el comienzo mismo? Desde que se tiene registro, los seres humanos se fortalecieron y vivieron más tiempo con cada sucesiva generación. Además, la civilización humana creó ejemplos cada vez más complejos de lo que siempre se denominó ¿genio? Un porcentaje de la población del mundo mayor que nunca en la historia humana vive ahora una vida inspirada y energética. Antes explicábamos dicho progreso de acuerdo con el materialismo secular, o sea, en términos de mejores alimentos, mejor higiene y avances en la medicina.

Sin embargo, como vimos, la vieja visión materialista del mundo va evolucionando a su vez hacia una nueva comprensión en la que sabemos que en realidad no hay nada material. En los niveles más ínfimos, los átomos de nuestros cuerpos se desvanecen en meros esquemas de energía, ondas vibratorias que pueden cambiar de forma y reconstituirse en formas sorprendentes. ¿De qué otra manera podemos explicar hechos como la cura espontánea en la que desaparecen tumores o se regeneran tejidos de la noche a la mañana?[6] El progreso de las generaciones es un progreso de inspiración, fe y confianza y de niveles cada vez mayores de energía interior.

La lección del deporte

Si habla con deportistas y entusiastas del ejercicio de todo tipo, verá que la mayoría de ellos realizan su actividad no debido a la emoción de ganar o mejorar su apariencia, sino por las gratificaciones internas que sienten. Correr y practicar otros ejercicios aeróbicos aporta la emoción y la euforia de vencer "el muro", esa sensación de no poder ir más allá. Y una vez que termina esa actividad agotadora, los participantes cuentan que se sienten más livianos, más calmos, más coordinados, capaces de moverse con más facilidad.

Hacemos deportes y ejercicios aeróbicos porque durante y después sentimos que somos más fuertes, que estamos más energizados y hasta somos más inteligentes. Y cada año lo hacemos mejor durante un tiempo más prolongado. El fisicoculturismo, correr, las artes marciales, el tenis, el patinaje sobre hielo, saltar, el golf, la natación, la gimnasia, cada una de estas disciplinas tiene un tope de rendimiento que sube constantemente cuando los viejos récords abren paso a una nueva excelencia.

La vieja cosmovisión que reduce nuestros cuerpos a músculos, huesos y ligamentos no tiene una auténtica explicación para el fin de este proceso. Un materialista puede llegar a decir, si lo presionan, que el cuerpo humano en definitiva alcanza su potencial máximo, o sea que el corredor no puede entonces correr más rápido o un levantador de pesas no puede levantar ni un kilo más, o un jugador de tenis no puede alcanzar esa pelota que cayó en el otro extremo de la cancha. Sin embargo, como en las carreras de obstáculos, cada una de las barreras puede cruzarse. Avanzamos más rápido con mejor coordinación, sincronización y levedad.

¿Dónde termina, entonces? La única respuesta que confirma los hechos es que no terminará. Tarde o temprano esos atletas que corren los cien metros avanzarán tan rápido que sus cuerpos cambiarán instantáneamente de forma para responder a la certeza de la voluntad de lo que puede lograrse. Al correr por la pista serán meras líneas de luz.

EL TESTIMONIO DE LOS YOGUIS

A lo largo de toda la historia, Oriente produjo hombres que también superaron el tope de la capacidad humana. En su importante trabajo *The Future of the Body*, Michael Murphy reunió una asombrosa serie de casos documentados de transformación corporal insólita, entre ellos la capacidad de levitar, cambios de forma espontáneos y la ejecución de proezas de fuerza increíbles.[7] Muchos pensadores de la tradición oriental consideran que estos atributos son el resultado óptimo de la práctica del yoga, todavía poco frecuente, quizá, pero resultado previsible de años de meditación y práctica del movimiento.

Durante siglos Occidente se asombró muchísimo ante esta habilidad. La Biblia nos dice que Jesús aparecía y desaparecía a voluntad, caminaba sobre el agua, etcétera, pero cuando Newton formalizó la visión de un universo como un mecanismo de relojería, dichas habilidades pasaron a considerarse mágicas o metafóricas, mito o charlatanería, pero no por cierto un ejemplo de capacidad humana verdadera. Posteriormente, la Iglesia cristiana explicó estas capacidades como marca de una deidad, nada que los humanos pudiéramos llegar a emular.

Sin embargo, como muestra Michael Murphy, los ejemplos de capacidad trascendente abundan en la historia tanto de Oriente como de Occidente, y el despertar que está produciéndose hoy incluye una revisión de lo que es posible no sólo para los adeptos especiales sino también para usted y yo.

Adónde vamos

Al analizar estos hechos, imaginamos cómo cambiará la cultura humana en el futuro. Y esta visión nos dará más coraje para cambiar nuestros estilos de vida y adoptar por completo el mundo espiritual en el que vivimos.

El nuevo mundo, como vimos, puede ser de gran creatividad y realización personal. Imagínese cómo será la vida cuando la mayoría de las personas con las que hablamos conozcan el proceso y esperen que cada conversación sea especial y contenga un mensaje.

El ritmo y la modalidad de la interacción humana cambiarán por entero, y esto comenzará a ejercer un rápido efecto en la economía. Una vez que un número suficiente de personas comprenda y pruebe de manera experimental que el principio del diezmo da resultado, adoptaremos plenamente este proceso, dando en forma sincrónica un porcentaje de nuestro ingreso a las fuentes que nos sintamos impulsados a respaldar. Del mismo modo, las oportunidades y las finanzas volverán a nosotros, como por arte de magia, en armonía con nuestras expectativas. La prueba está en el resultado.

Esta economía del dar, como ya dijimos, al principio complementará nuestros ingresos a medida que los avances tecnológicos automaticen un número cada vez mayor de nuestras necesidades materiales, y luego caracterizará totalmente la era de la información cuando nuestro punto de atención colectivo pase de acumular seguridad material a unirnos a la inspiración superior del crecimiento sincrónico. Y, una vez más, cuando la sincronicidad continúe y la inspiración aumente, nuestros cuerpos alcanzarán niveles de energía cada vez más altos hasta convertirnos en seres espirituales de luz.

11

La visión desde la Otra Vida

Si nuestro destino es devenir seres espirituales en la Tierra, ¿qué pasa con el resto de la historia: el proceso del nacimiento y la muerte? ¿Qué descubriremos sobre la dimensión celestial de la cual venimos y a la cual retornamos cuando nuestro tiempo aquí termina?

Según las encuestas más recientes, una gran mayoría de estadounidenses creen en la Otra Vida, y el porcentaje es aún mayor en muchos otros países del mundo. Sin embargo, según la opinión general, nuestras nociones actuales sobre la Otra Vida son muy diferentes de la idea de cielo e infierno predominante en la vieja cultura materialista.[1]

Antes imaginábamos la Otra Vida como una caricatura ingeniosa de ángeles con arpas y nubes porque nuestra postura psicológica de negar el misterio planteado por la muerte impedía que contempláramos el tema en detalle. Hacer un análisis más profundo significaba enfrentarnos directamente con nuestra muerte como hecho real, y eso era algo para lo cual la cultura humana no tenía tiempo, al menos en Occidente.

Pero, como vimos, la psicología humanista de la mitad del siglo XX empezó a erosionar nuestra negación. Ahora estamos adquiriendo la capacidad no sólo de enfrentar la muerte como parte natural de la vida sino de averiguar los detalles de lo que sucede durante ese proceso. En las últimas décadas, nuestra cultura se vio invadida por nueva información. Se publica un volumen constante de libros sobre la experiencia de vida después de la muerte que presentan relatos directos de individuos que permanecieron clínicamente muertos durante un lapso de tiempo y luego volvieron a la vida. La mayoría de ellos volvieron porque sintieron, o les dijeron, que les quedaba algo por hacer.

Además, varios investigadores muy respetados, como Kenneth Ring y Melvin Morse, estudiaron científicamente las experiencias de vida después de la muerte, aportando síntesis generalizadas y creíbles para el público masivo.[2]

Las películas divulgaron aún más esta información sobre la Otra vida y la hicieron parecer más real. ¿Quién, por ejemplo, no se sintió atrapado por el realismo de la película *Always*, una historia de amor sobre un aviador del Servicio Forestal que salvó la vida de un amigo pero perdió la suya en una feroz explosión del avión? Más tarde vio que caminaba sobre el suelo, pensando que de alguna manera había evitado la muerte. Fue necesaria la intervención de un espíritu guía para convencerlo de que en realidad había muerto, y que él mismo debía actuar a partir de ahí como espíritu orientador para un piloto inepto que había sido enviado a tomar su lugar. El realismo de la relación inspiraba una sensación de asombro.

Otro buen ejemplo es la película *Ghost*, la historia de un hombre que es asesinado en un intento de robo pero que no obstante se encuentra en la tierra, capaz de ver todo lo que pasa pero incapaz de dar a conocer su presencia a otros. Se queda para proteger del asesino a una amiga que busca una contraseña secreta. A medida que avanza la película, conoce a otros fantasmas, aprende cómo establecen contacto con los vivos y conoce a una vidente que puede escucharlo.

Estas películas presentan temas fascinantes que reflejan el conocimiento emergente sobre lo que podemos esperar después de la muerte. Todavía quedan muchos interrogantes, pero gracias a la divulgación de la información sobre la Otra Vida estamos empezando a tener un panorama más completo de la muerte, y este conocimiento está ampliando nuestra perspectiva respecto de la existencia y la evolución terrenales.

LA EXPERIENCIA DE VIDA DESPUÉS DE LA MUERTE

Un aspecto sorprendente de la experiencia de vida después de la muerte es que la mayoría de los que mueren y regresan cuentan historias similares sobre lo que les pasó. Muchos, por ejemplo, abandonan su cuerpo y empiezan a dar vueltas, al principio, sobre su cama o en la escena del accidente en el que resultaron heridos, donde muchas veces ven los intentos de resucitarlos y oyen las conversaciones exactas que con posterioridad se verifican.

Algunos inclusive merodean por el hospital durante un tiempo hasta que se preguntan: "¿Y ahora qué?". Esa pregunta suele generar una sensación de movimiento y de ingreso en lo que siempre se describe como un túnel de luz. Otros nunca dan vueltas después de la muerte; entran de inmediato en el túnel.

El túnel a veces lleva a un área de espera o descanso con una luz cálida y blanca, donde la persona se sumerge en una inmensa sensación de amor y paz. Muchas veces se acercan a la persona parientes y amigos muertos que le explican su situación; normalmente el individuo se siente como si hubiera vuelto a su casa y se resiste a regresar al plano terrenal.

No obstante, en algún momento, los que pasan por la experiencia de vida después de la muerte viven lo que se denomina comúnmente una "revisión de la vida". Más adelante, se les da a veces la posibilidad de elegir entre quedarse o volver. Otras veces les ordenan categóricamente que deben volver y les explican por qué. Casi siempre, los que pasan por la experiencia de vida después de la muerte perciben en un momento de claridad y visión lo que les queda por hacer en la Tierra.

Esta experienica cambia muchísimo la vida de una persona. La mayoría continúa con una existencia de inspiración, entrega y amor.[3]

La revisión de la vida

La Revisión de la Vida es uno de los aspectos más fascinantes de la experiencia de vida después de la muerte. En general, los individuos informan que ven proyectarse ante sus ojos toda su vida, no como una película sino como una representación holográfica. Ven todo con gran detalle y sienten que su vida no es juzgada por los demás, sino por ellos mismos. Como si su conciencia se hubiera expandido y unido a una inteligencia divina más grande.

Desde este lugar de comprensión más elevada, los individuos que pasan por la experiencia de vida después de la muerte expresan que durante el proceso de revisión comprenden las decisiones inadecuadas que tomaron y cómo podrían haber manejado mejor situaciones específicas. El repaso es intensamente doloroso y a la vez abrumadoramente gozoso, según lo que observen. Cuando revén un incidente en el que hirieron a alguien en el plano emocional, sienten de verdad el dolor que experimentó la persona, como si estuvieran dentro del cuerpo del otro.

A la inversa, también son capaces de ver y sentir la alegría y el amor que engendraron en otros siendo realmente ellos. Debido a la profunda intensidad de la empatía, la mayoría de los que han tenido una experiencia de vida después de la muerte vuelven a la existencia con una fuerte determinación de no volver a cometer los mismos errores y multiplicar las oportunidades de ayudar a otros. Cada comentario a un individuo, cada interacción con un amigo o un hijo, cada pensamiento enviado al mundo sobre otra persona adquiere ahora un sentido más elevado, pues la persona sabe que cada una de estas acciones será revivida y revisada algún día.

Al parecer, en cierto nivel siempre supimos que había una Revisión de la Vida. ¿Quién no ha oído hablar, por ejemplo, de alguien que, después de un roce con la muerte, cuenta: "Vi toda mi vida proyectada"? Asimismo, gran parte de la literatura y las escrituras sagradas dedicadas al juicio después de la muerte hablan de una Revisión de Vida de algún tipo. Ahora, no obstante, estamos trayendo a la conciencia los detalles de esa experiencia. Cuando morimos somos juzgados, pero en apariencia somos juzgados no por un Dios vengativo, sino por una conciencia divina de la cual formamos parte.

Debido a que esta información comienza a conocerse, ahora todos podemos desacelerarnos y ser más conscientes del efecto de nuestras acciones. Eso nos da una comprensión aún mayor de por qué debemos siempre animar de manera consciente a los demás. Podemos seguir teniendo fallas de discernimiento, pero ahora podemos detenernos periódicamente y revisar qué hacemos, experimentando en efecto por anticipado una Revisión de Vida en nuestra mente. Creo que descubriremos que éste es el verdadero proceso del arrepentimiento.

EL PROBLEMA DEL MAL

¿Qué hay del diablo y la conspiración de ángeles caídos de los que hablan tantas tradiciones religiosas? Las investigaciones sobre las experiencias de vida después de la muerte no han encontrado ninguna prueba de estas payasadas.

El fenómeno de la vida después de la muerte confirma que hay sólo una fuerza divina en el universo y que esa fuerza es positiva. El problema del mal tiene que ver con el ego y el miedo humanos, que nos apartan de esta fuerza creativa. Cuando los seres humanos estamos conectados con la divinidad, aquí y en la Otra Vida, nuestra seguridad viene de adentro. Cuando estamos apartados de la fuente divina, buscamos seguridad fuera de nosotros mismos a través de alguna forma de gratificación del ego y los dramas de energía que sustraen energía.

Como vimos en el Capítulo 5, los seres humanos inventan todo tipo de mecanismos para estrechar su experiencia y ahuyentar la ansiedad de la vida. Todo mal, desde los sórdidos fetiches del abusador hasta las maniobras desesperadas del criminal de guante blanco, es simplemente una forma de reprimir el miedo a estar perdidos, aunque más no sea un momento. El mal y el infierno son estados interiores.

La mayoría de los criminales violentos crecen en un medio carente caracterizado por el desdén, el maltrato liso y llano y un gran miedo. Un niño criado en ese medio muchas veces es golpeado por llorar, a veces lo torturan sexualmente padres y hermanos, lo asustan otros chicos del barrio y en esencia debe arreglarse solo. En estas circunstancias, la cantidad de miedo diario es inconcebible para los que crecimos en situaciones familiares más protegidas. Estos chicos deben encontrar una manera de salir adelante y expulsar el terror y la ansiedad de su mente.

Un mecanismo típico para manejarse en esta situación es algún tipo de fetiche u obsesión que puede repetirse lo suficiente como para crear una sensación de control. En niveles superficiales de ansiedad, esta actividad puede ser simplemente la baladronada del asaltante. En niveles más extremos, son las actividades tortuosas de un asesino en serie o la deshumanización de un terrorista. Todo este comportamiento debe entenderse como un mecanismo de defensa contra el gran miedo que deriva de la desconexión espiritual.[4]

La naturaleza del infierno

El problema de construir mecanismos ilusorios para mantener a raya la ansiedad es que normalmente se derrumban. Alivian el síntoma —ansiedad— en vez de la verdadera enfermedad del miedo y la inseguridad, o sea que a largo plazo están condenados al fracaso. En el caso del asaltante que hace alarde de ser un tipo duro y asalta turistas, puede funcionar por un tiempo, pero tarde o temprano los horrores de la infancia y el terror de estar perdido vuelven al nivel consciente. Como el drogadicto que necesita una dosis cada vez mayor para obtener los mismos resultados, el asaltante debe acelerar su actividad, su machismo y su dureza, para volver a expulsar la ansiedad. No obstante, esto lo lleva a situaciones cada vez más peligrosas y su miedo no hace otra cosa que aumentar.

Esta situación también puede observarse en el criminal de guante blanco que finalmente queda atrapado en sus ilusiones o con cualquiera cuyo consumo de drogas, trabajo, compras, comida, deportes o sexo se descontrole. Sea cual fuere la muletilla o la conducta obsesiva, nunca ataca la raíz del problema y está condenada a desmoronarse; la angustia vuelve y somos llevados adelante en nuestra huida interminable de la desconexión. Ésta es la naturaleza del infierno en la Tierra, y según gran parte de la información que nos llega de los investigadores de la vida después de la muerte y las experiencias extracorporales, también es la naturaleza del infierno en la Otra Vida.

Robert Monroe cuenta que durante sus viajes a la dimensión de la Otra Vida vio con regularidad construcciones infernales ilusorias ideadas por grupos de almas que buscaban obsesivamente el sexo como una ilusión defensiva contra su sensación de estar perdidos.[5] En su escritura automática sobre las descripciones de la Otra Vida de Arthur Ford, Ruth Montgomery señaló que algunas almas no podían despertarse en el cielo después de la muerte, atrapadas, sin duda, en las mismas ilusiones que ideaban en la vida.[6]

Estos relatos sugieren también que para los otros seres que están en la dimensión de la Otra Vida es un gran esfuerzo actuar con estas almas alucinadas. Tal vez lo hagan usando el mismo procedimiento de animación que ya conocemos: el proceso de concentrarse en el yo superior del alma y proyectar energía hasta que el alma se despierta, se aparta de la actividad obsesiva y empieza a abrirse a lo divino que hay en su interior, única cura real para cualquier actividad obsesiva.

En todos estos informes no aparece, con todo, ningún

indicio de conspiración malévola. Creo que debemos inferir que los ángeles caídos de las Escrituras son simbólicos. Pensadores que van desde Carl Jung hasta Joseph Campbell sugieren que la caída de la gracia descripta en las Escrituras, incluida la historia de la caída de Satán y su expulsión al infierno, son simples metáforas de los obstáculos inherentes a la evolución humana. En su viaje evolutivo hacia la espiritualidad, la humanidad tuvo que emerger de la inconsciencia desarrollando un ego fuerte y adquiriendo conciencia de sí misma. No obstante, para progresar más, nuestros egos deben dejar el lugar al yo superior y dejar de resistirse al acto de abandonarse a la experiencia trascendente.

Todos hemos observado las rebeldías de un adolescente que trata de ser alguien y modelar una identidad única diferente de la de sus padres. De la misma manera, para desarrollar nuestro yo independiente nos apartamos de nuestra fuente intuitiva y tratamos de manejar nuestra vida totalmente solos. Podríamos decir incluso que la cultura occidental en su conjunto mantuvo este estado de rebelión durante cuatrocientos o quinientos años, decidido a negar por miedo el aspecto más amplio de nuestro ser.

En cierto modo, el simbolismo del diablo al acecho, listo para arruinar nuestra vida si nos alejamos mucho de Dios, es exacto, porque el yo, separado de lo divino que hay es nuestro interior, es justamente capaz de eso.

La visión del nacimiento

Otra característica de la experiencia de vida después de la muerte que aumenta nuestra comprensión de la vida terrenal es la Visión del Nacimiento. Se trata de una imagen global panorámica de la mejor posibilidad de nuestra historia de vida individual, que algunos informaron haber visto antes de volver de una experiencia de vida después de la muerte.[7] Cuando reciben la Visión del Nacimiento, los individuos señalan que pueden ver por qué deben regresar, porque comprenden lo que dejaron sin terminar aquí en la Tierra.

Saber que esta visión existe reafirma la idea de que cada uno de nosotros puede descubrir su verdadero destino aun sin haber tenido una experiencia de vida después de la muerte. Ya vimos que la comprensión de nuestro pasado y todo lo que nos ha ocurrido puede ayudarnos a sentir la verdad que estamos destinados a decir al mundo. Pero también se halla a disposición de nuestra conciencia un conocimiento previo abarcador de nuestro destino, un panorama completo de lo que podemos realizar en el planeta diciendo nuestra verdad y siguiendo nuestra guía sincrónica. Lo que resulta de esto es un sentido nuevo y más definido de lo que podemos llegar a ser.

La mayoría de las Visiones del Nacimiento que no forman parte de una experiencia de vida después de la muerte parecen producirse como consecuencia de la práctica espiritual, ya sea a través de la oración, la meditación u otra actividad que expanda nuestra apertura interior a lo divino. Por ejemplo, usted puede estar atravesando un lugar de rara belleza y decidirse a meditar. Al meditar, su ego se aquieta. Después, puede proyectar su intención de claridad personal y concentrarse en la pregunta interior: "¿Qué debo hacer?".

Es posible que en ese momento experimentemos una ola de inspiración y surja una imagen de nosotros, exactamente como en un ensueño diurno, haciendo algo. Muchas veces esa imagen es una respuesta intuitiva a nuestra inquietud vital actual. Pero a veces, como veremos en el último capítulo, la imagen se expande y va más allá de la situación actual para extenderse al futuro más prolongado, revelando con más detalle lo que cada uno vino a realizar en la Tierra. Todo esto coincidirá con la verdad general que usted ya sabe que la vida lo preparó para decir, pero irá más allá para revelar la mejor situación de evolución de esa verdad hasta llegar a ser lo que sólo puede describirse como una misión.

Por ejemplo, digamos que hay una chica joven que ya sabe que quiere dejar su carrera en el área de *marketing* para dedicarse a la enseñanza porque su pasado la preparó para ayudar a los chicos a aprender a amar la lectura. Ella podría entonces expandir este sentido de su verdad experimentando una Visión del Nacimiento más plena, que revele una misión más amplia de crear un modelo de su técnica de enseñanza que puede implementarse en colegios de todas partes. Esta relevación sería una imagen más completa de lo que podría lograr con su devoción a su verdad si mantiene la fe.

Dicha visión de su futuro iría acompañada por sensaciones de inspiración y orgullo. Sentiría: "Si pudiera hacer eso, me sentiría desbordante de vida, completamente realizada". Vivida de esa manera, la Visión del Nacimiento se mantiene en el fondo de nuestra mente como una imagen de posibilidad que contribuye a encontrarle sentido a lo que nos preguntamos actualmente y da profundidad a las coincidencias cotidianas que experimentamos. Adquirimos un sentido no sólo de tener una verdad para decir sino también de lo que puede pasar si la decimos de la manera más completa posible.

Personalmente, experimenté esa visión en 1973 mientras caminaba por las montañas Great Smoky, en Tennessee. Allí vislumbré todo lo que pasaría veinte años más tarde con *La Novena Revelación*: mi trabajo llevándome a escribir un libro, su popularidad como descripción de la conciencia espiritual emergente, los esfuerzos posteriores para salvar las áreas naturales, todo. Al principio pensé que no era nada más que un sueño fantasioso, pero el recuerdo de la visión nunca desapareció... y cuando empezó a hacerse realidad me di cuenta de que había sido una verdadera Visión del Nacimiento.

Aquí con una tarea

Ahora vemos el impacto que tiene en nuestra vida aquí, en la Tierra, la información sobre la Otra Vida. La conciencia espiritual emergente se basa en la percepción de la sincronicidad, y cada nivel de esta conciencia nos proporciona una mejor comprensión de lo que significa esta sincronicidad y cómo vivirla todos los días. La Otra Vida nos da la perspectiva más elevada respecto de este proceso: estamos aquí con una tarea, y la sincronicidad que podemos vivir nos guía hacia el cumplimiento de nuestra misión.

Ahora queda bien clara la verdadera importancia de conectarnos interiormente, de eliminar nuestros mecanismos de control y encontrar nuestra verdad para decir. Es el proceso de despertar a lo que en verdad somos. El hecho es que estamos aquí en la tierra para ser más conscientes de nuestra naturaleza espiritual.

Cuando encontremos la verdad que nos corresponde decir, nos llevará a la carrera y el lugar en la sociedad indicados, un proceso que puede profundizarse mediante una Visión del Nacimiento de lo que puede llegar a lograr nuestro trabajo.

La realidad de la reencarnación

Si bien las películas, los libros y la investigación sobre la reencarnación son más comunes que antes en la cultura actual, para muchos la idea sigue siendo difícil. Muchas religiones enseñan que tenemos una sola experiencia de vida y que luego debemos enfrentar el juicio y la eternidad. Pero esta enseñanza no encaja realmente con la investigación y la experiencia modernas.

Ahora hay muchísimos ejemplos de niños que pueden recordar no sólo imágenes vagas de otra vida sino nombres, ciudades reales y detalles de una vida anterior que fueron verificados.[8] Basta con hacer un recorrido superficial de la literatura para encontrar pruebas abrumadoras de que vivimos más de una vida. El doctor Brian Weiss, ex presidente del Departamento de Psiquiatría del centro médico Mount Sinai, encabeza una lista impresionante de médicos y autores que utilizan las consideraciones de vidas anteriores en sus terapias. Como demuestra el doctor Weiss en su libro *Many Lives, Many Masters*, algunas fobias, ataques de ansiedad y otros problemas a menudo se originan, no en la infancia, sino mucho antes: en vidas anteriores. El doctor Weiss considera, de hecho, que casi todos podemos recordar vidas pasadas a través de una meditación asistida.[9]

¿De qué manera nos ayuda a aumentar nuestra conciencia este conocimiento de la reencarnación? Sabemos que no sólo estamos siguiendo un viaje sincrónico y encontrando nuestro verdadero segmento en la sociedad, sino que vinimos aquí con la intención de llevar a cabo una misión más grande. Bueno, si nosotros estamos aquí en una misión, todos lo están.

Esto eleva cada encuentro sincrónico a un nivel más alto. Debemos asumir que vinimos aquí para encontrarnos en el momento justo por una cuestión de intención. Pero, ¿qué pasa si el encuentro sale mal? ¿Cuántas veces, por ejemplo, nos encontramos con alguien, hombre o mujer, a quien nunca habíamos visto o de quien no habíamos oído hablar y automáticamente nos desagrada a primera vista? ¿Y qué pasa si no podemos superar esa reacción y por ende no podemos animar a la persona ni intentar siquiera una comunicación?

¿Tendremos que ver esto todo otra vez en nuestra Revisión de Vida, tomando conciencia quizá de que parte de nuestra Visión del Nacimiento consistía en expresar nuestra verdad justo a tiempo para orientar a ese individuo hacia otro rumbo?

¿Tendremos que admitir que lo arruinamos todo debido a un viejo resentimiento llegado de una vida pasada? Estas aversiones se producen con frecuencia y es importante elaborarlas lo más rápido posible.

SUPERAR PROBLEMAS DE VIDAS PASADAS

Una vez más, podemos recurrir a nuestro conocimiento sobre los dramas de control. En ese caso, el procedimiento consiste en poner nuestros sentimientos sobre la mesa y decirle a la persona cómo nos sentimos cuando está presente, planteando los sentimientos con suavidad y manteniéndonos abiertos a la posibilidad de que sean equivocados. Cuando se trata de resentimientos repentinos hacia otro, creo que puede utilizarse el mismo procedimiento. Podemos proponer una conversación seria y decir que tenemos una reacción desacostumbrada hacia el individuo y que nos gustaría analizar qué puede ocasionarla.

Recuerde que debemos superar el impulso de la vieja cosmovisión materialista para la cual esas conversaciones son ridículas, incómodas y hasta tontas. Otra alternativa consiste simplemente en convenir alguna hora con la persona y plantear el tema entonces. Sea como fuere, la otra persona podría rechazar por entero el tema o considerarse personalmente amenazada por la discusión y cerrarse.

No obstante, para mantener una conciencia más elevada, y sabiendo lo que sabemos, debemos seguir analizando el tema. A medida que pase el tiempo, estas conversaciones se volverán más fáciles cuando los individuos concienticen el proceso. En principio, cuando dos individuos analizan estos sentimientos, surgen imágenes de una vida importante pasada juntos y de esas ideas indiscutiblemente vagas puede brotar un sentido de indulgencia y una nueva concentración en las cuestiones actuales.

Para el doctor Weiss, a la memoria de vidas pasadas se accede de la misma manera que a otra información trascendente: adentrándonos en ella. Podemos entrar en un estado de meditación con esa intención y rezar para recibir el conocimiento de la fuente de nuestros sentimientos. Podemos meditar individualmente de esta manera, pero creo que la mayor energía de un grupo —pueden ser las partes involucradas, un facilitador experimentado o miembros de una red regular de apoyo— aumenta la probabilidad de éxito.

Le sugiero que primero hagan que el grupo confirme que la situación de vida pasada puede recordarse. A continuación, el grupo puede hacer una meditación silenciosa, luego de la cual cada persona puede hablar de las imágenes y los recuerdos que afloran. Es muy importante que cada uno exprese con absoluta honestidad qué ocurrió y que no confirme inadecuadamente las imágenes de otro.

En la mayoría de los casos surgirá alguna coincidencia respecto de las relaciones de vidas pasadas particulares de las personas afectadas. Si una o las dos personas sienten que fueron lastimadas de alguna manera durante la vida pasada, una vez más las disculpas y el perdón constituyen la única manera de resolver esas percepciones. Sólo a esta altura las dos personas pueden llegar a entender por qué se cruzaron sus caminos en el presente. ¿Solamente para resolver esos viejos sentimientos? ¿Para transmitir un mensaje especial en este tiempo y lugar? ¿O se encontraron para emprender una relación laboral a largo plazo, una misión conjunta de algún tipo?

JUNTOS OTRA VEZ

¿Y qué hay de esos sentimientos positivos inexplicables que experimentamos por algunas personas? La sensación agradable de amor que surge enseguida cuando conocemos a alguien nuevo, o la sensación de que alguien nos parece conocido.

Podemos estar en cualquier parte cuando de pronto una persona mira para nuestro lado. Pensamos que nos resulta conocida, como si la hubiéramos conocido en alguna parte pero no pudiéramos recordar dónde. Algo en la expresión de su cara, o tal vez la sola sensación de su presencia, nos parece fantástico. Si entablamos una conversación, a menudo nos damos cuenta de que estamos en la misma longitud de onda. Las palabras surgen con facilidad y la comprensión es inmediata.

De nuevo, uno de los mayores desafíos de la humanidad es alejar de la sexualidad la interpretación de esta experiencia y llevarla al ámbito de lo puramente espiritual, en especial entre hombres y mujeres. Debemos expandir nuestra conciencia más allá de las ilusiones de codependencia para buscar los mensajes sincrónicos que corresponden a nuestra misión de vida.

El efecto de la información sobre la otra vida

Como ya vimos, cuanto más descubrimos acerca de la dimensión de la Otra Vida, más se ilumina nuestra vida en la Tierra. Sabemos que cada momento sincrónico, cada encuentro con otro ser humano, tiene derivaciones que van más allá de lo ordinario. Todos venimos a la Tierra con una misión en la mente, y cada vez que somos guiados al lugar indicado y recibimos la información indicada o animamos a alguien en el momento indicado, sentimos que es el destino, pues una parte de nosotros recuerda que debía ocurrir.

La cuestión dominante es cuán conscientes podemos hacer esos momentos. Ahora mismo. Porque a esta altura de nuestro viaje estamos a punto de recordar todo: quiénes somos como seres espirituales, cómo llegamos aquí y adónde pensamos ir en el futuro.

12
VISUALIZAR EL DESTINO HUMANO

A medida que vaya filtrándose más información sobre la Otra Vida en la conciencia de la gente, creo que nuestra comprensión de la historia y el destino humano cambiará de modo considerable. Si todos nacemos en este mundo con una tarea, significa que todos los que vivieron alguna vez aquí tuvieron una tarea y que todo lo que ocurrió fue siguiendo un propósito más elevado.

De hecho, considero que con esta nueva conciencia ya podemos sentir que se forma una nueva historia sobre lo que pasó en esta dimensión. Podemos sentir esa historia porque, en realidad, lo que estamos haciendo es recordar la gran secuencia de los hechos.

Cuando el universo empezó a existir, nosotros éramos un aspecto de lo que estaba pasando. Vivimos en las primeras estrellas mientras gravitaban juntas, creaban los esquemas básicos de la energía elemental y se dispersaban en el espacio.

Nuestra intención se unió a lo divino cuando el Sol y los otros planetas formaron nuestro sistema solar, creando el medio perfecto para la vida en la Tierra. Fuimos los primeros aminoácidos cuando se transformaron en los primeros vegetales unicelulares y después en animales. Fuimos las plantas cuando liberaron el oxígeno a la atmósfera por primera vez. Nadamos en los océanos como organismos multicelulares y después como peces. Fuimos nosotros los que ansiamos superar los límites del agua y festejamos al saltar a la forma de anfibios y al arrastrarnos por primera vez por la tierra. Y fuimos parte de la mayor conciencia que avanzó a través de los reptiles y los mamíferos hasta llegar al fin a nuestra especie.

A partir de ahí, la historia continúa con la paciente participación de nuestras almas en las miles de vidas que pasaron hasta que los seres humanos adquirimos los primeros atisbos de conciencia de nosotros mismos. Lentamente, despertamos y tomamos conciencia de que estamos vivos en la Tierra y que por último morimos. A diferencia de los demás animales, necesitábamos saber por qué estamos acá. ¿Cuál es nuestro propósito?

UNA HISTORIA ESPIRITUAL

En el momento en que formulamos por primera vez esa pregunta, la evolución ingresó en un nuevo terreno: el lento avance de la realidad humana hacia la verdad de quiénes somos y qué deberíamos estar haciendo. La humanidad primitiva creó una mitología rica que intentó explicar nuestra existencia y cómo vinimos a este mundo. No obstante, desde el principio nos faltó energía y empezamos a manipularnos y dominarnos unos a otros, iniciando así el uso de la fuerza bruta.

Ahora vemos que la evolución tenía un propósito implícito

para esa violencia: la diseminación de nuevas ideas. El humano primitivo de inmediato sintió el impulso de conquistar y unificar, de forzar a los demás a adoptar su punto de vista. Los más fuertes dominaban y ganaban la deferencia y la atención de los otros, y en un proceso de lenta unificación estos individuos fuertes y sus seguidores conquistaron cantidades cada vez más grandes de territorios y pueblos, a los que impusieron nuevas filosofías de vida, sólo para ser a su vez conquistados y sometidos con otros valores y creencias.

Desde la perspectiva de la Otra Vida, todo esto fue lo mejor que pudimos hacer en esas circunstancias. Creo que cada uno puede intuir que vinimos a la Tierra muchas veces a lo largo de esta evolución. Y cada vez que vinimos, siguiendo nuestra Visión del Nacimiento, nuestra intención era hacer todo lo posible por alejar a la humanidad de la barbarie de la guerra y el imperio e introducir una forma más civilizada de unificar y discernir la verdad.

Al principio esta transmisión de una verdad superior avanzó con mucha lentitud porque en los primeros años la brecha entre lo que sabíamos en la Otra Vida y lo que podíamos vivir en la Tierra era muy grande. Cada vez que nacimos, luchamos por superar las convenciones de las culturas en las que nacimos y luchamos por recordar la verdad que se suponía traíamos al mundo. Lentamente, no obstante, los esfuerzos civilizadores de grupos de seres humanos inspirados empezaron a cambiar las cosas. En Medio Oriente, tribus judías crearon una rica mitología basada en la idea de un solo Dios, y poco a poco esta idea de un creador, una fuente paternal compartida por todos, se difundió en gran parte del hemisferio occidental.

Desde Oriente, empezó a difundirse un reconocimiento similar de que todos compartíamos una unidad común con la inteligencia absoluta o Divinidad. Esta idea provocó un salto hacia delante en la unificación. Ahora, en vez de pensar que nos apoyaba un dios local que competía con los dioses de nuestros enemigos, empezó a aflorar la conciencia de que todos los seres humanos éramos en esencia parte de la misma fuerza creativa.

UNA EVOLUCIÓN CONSCIENTE

Aproximadamente en el año 600 a.C. otra gran verdad fue revelada al mundo en Grecia: la idea de que, en vez de usar la brutalidad, podíamos relacionarnos de una manera democrática. A través del trabajo de cientos de individuos, esta idea empezó a difundirse con lentitud en la antigua Roma, y un nuevo concepto revolucionario surgió en el mundo: en vez de llevar adelante los asuntos humanos y la evolución mediante la dominación física, podíamos debatir los méritos de puntos de vista particulares. La realidad logró así evolucionar a través de la progresión de ideas mejores.

En los siglos siguientes, otros visionarios, como Lao Tzu, Buda y Jesús empezaron a esclarecer la naturaleza de la fuente espiritual que compartíamos. Jesús afirmó que el reino de Dios no estaba fuera de nosotros, sino en nuestro interior. Y de manera limitada, esta idea se integró a la vida cultural tanto en el budismo y el taoísmo que evolucionaron en Oriente como en el cristianismo de Occidente.

Mientras tanto, los seres humanos siguieron gravitando en grupos cada vez más grandes y nuestra identificación y lealtad con otros pasó de bandas o aldeas pequeñas a regiones más grandes y luego a una conciencia de naciones específicas con fronteras claras. Por último, a partir del Renacimiento en

Occidente, miles de individuos redescubrieron los valores democráticos de la antigüedad y empezaron a poner de relieve la dignidad humana y los derechos humanos básicos.

Muchos países reemplazaron la idea del derecho divino de los reyes por el sistema de democracia popular. Entre las revoluciones seculares de la época, los Estados Unidos se formaron como una idea visionaria pero aún incompleta de un país donde los seres humanos serían libres de llevar a la realidad sus sueños más íntimos.

Como vimos en capítulos anteriores, se creó la ciencia con el mismo espíritu de idealismo y reemplazó las caprichosas supersticiones de la época. Cuando resultó incapaz de delinear una nueva imagen de la situación espiritual de la humanidad, se impuso una concentración obsesiva en la seguridad materialista externa.

Las culturas de Oriente, por su parte, continuaron analizando el mundo interior de la experiencia espiritual y el logro de la seguridad dentro de cada uno. No obstante, la comunicación de ideas continuó, haciendo avanzar aún más la evolución social.

A comienzos del siglo XX, numerosos individuos que seguían de manera inconsciente sus Visiones del Nacimiento despertaron a nuevas verdades. La descripción mecánica del universo de Newton empezó a ser reemplazada por la perspectiva de Einstein y los físicos del *quantum*. Otros individuos inspirados empezaron a ver los extremos de la obsesión económica: desbarataron los cárteles y los monopolios en los Estados Unidos, crearon parques y bosques nacionales, asumieron una postura contra el imperialismo y de una manera muy modesta empezaron a proteger las culturas humanas más diversas del globo.

A mediados de siglo, millones habían respondido a la idea

de que la construcción de imperios por la fuerza debía terminar combatiendo en dos guerras mundiales y una larga guerra fría, hasta implementar finalmente un consenso para proteger los derechos de los pueblos soberanos y sus fronteras nacionales. A través del trabajo de innumerables individuos, se hizo realidad la idea de la organización de las Naciones Unidas, que marcó la primera vez que la conciencia humana se ampliaba para incluir a todos los pueblos de la Tierra.

En décadas más recientes empezó a emerger una nueva comprensión del universo humano. La nueva física describe nuestro mundo en términos de una dinámica energética y misteriosas interconexiones. Otros científicos empezaron a analizar toda la gama de la experiencia potencial humana, incluidos el misterio de la sincronicidad, la profundidad de nuestra intuición y los poderes de nuestra intención.

En este momento estamos, debido a las verdades que millones de seres humanos fueron trayendo lentamente al mundo, teniendo conciencia de la imagen total de la evolución. Al seguir inconscientemente sus Visiones del Nacimiento, cada generación, en el transcurso de la historia, contribuyó a que la realidad humana evolucionara con un propósito, acercándonos cada vez más a la conciencia espiritual que ya existe en la dimensión de la Otra Vida. Paso a paso vamos tomando conciencia de que somos seres espirituales destinados a desarrollar una realidad espiritual en el planeta.

Enfrentar la polarización

El hecho de que estemos creando una cultura espiritual no significa que el trabajo terminó. En cierto modo, todavía estamos en esa zona gris en la que una cosmovisión perdió su capacidad de inspirarnos totalmente, pero el siguiente paradigma predominante todavía no alcanzó una aceptación total. De hecho, en décadas recientes hemos asistido a una polarización extrema de fuerzas entre los que promueven el cambio y los que se resisten a él. En los Estados Unidos, la energía del conflicto está aumentando pues ambos lados sienten que los resultados son fundamentales para el futuro.

Frente a los ecos cada vez más fuertes de lo que algunos denominaron guerra cultural, la opinión pública osciló entre los dos extremos. En la década de los 80, los que defendían la vieja cosmovisión parecían haber salido victoriosos al afirmar que debíamos volver a las realidades y valores del pasado, cuando el punto de atención estaba en el trabajo y la familia y el progreso económico. Consideraban que los problemas de nuestra cultura eran atribuibles directamente a la influencia del movimiento del potencial humano, cuyas ideas derivaban en un aumento de la intervención estatal, déficit presupuestarios inaceptables, una menor distinción de papeles entre hombres y mujeres, indulgencia con el crimen y una tendencia general de la gente a culpar de sus problemas a la sociedad.

Otros contraatacaron diciendo que los déficit fiscales podían evitarse si no se dedicaban miles de millones de dólares a subsidios empresarios y seguros sociales y enumeraban una letanía de abusos: subsidios federales a traficantes de armas para comercializar sus armas en el exterior por un total de $ 7,5 mil millones; $ 1.000 millones a grandes empresas como Continental Grain y Cargill, Inc., para transportar gratis trigo, maíz y otros productos; $ 700 millones por ventas de madera a menos del costo y subsidios viales para empresas forestales que talaban bosques nacionales. La lista sigue y sigue.[1]

Los potencialistas afirmaron que los problemas de los Estados Unidos derivaban de los extremos del viejo enfoque económico: una contaminación descontrolada, un desdén por la ética en los negocios, corrupción empresaria del gobierno, la incapacidad de educar a todo nuestro pueblo y un empeño limitado de intervenir en las áreas de la pobreza cíclica y el crimen.

En la oscilación pendular más reciente, que instaló un Congreso Republicano en Washington en 1994, el pueblo aceptó el argumento conservador de que los presupuestos estatales estaban descontrolados, que la inmoralidad pública y el crimen aumentaban y que el Estado debía perder importancia y ser reemplazado por un énfasis en la integridad personal.

Pero luego la gente empezó a percibir las incoherencias de la mayoría republicana que había prometido llevar a cabo una reforma. Ante nuestros ojos, el partido empezó a volver a sus viejos hábitos: proteger los subsidios a las grandes empresas en vez de repartir el presupuesto con justicia. Y en vez de dar prioridad a la protección ambiental, un republicano, ex exterminador de pestes de Texas, propuso que se revieran partes de la ley de Agua Pura. Esto ocurrió en momentos en que la mayor parte del pueblo se enteraba de que nuestros ríos y océanos están cada vez más contaminados. Para colmo, se agregó a una ley popular un artículo salvaje que permitía que las grandes empresas madereras talaran trescientos de nuestros bosques nacionales de cientos de años.

En razón de estos abusos, el péndulo parece estar oscilando nuevamente pues la gente se siente cada vez más frustrada y cínica respecto de la política. Mientras tanto, muchos individuos atrapados en una tierra de nadie entre la cosmovisión vieja y la nueva se sienten cada vez más perdidos y frustrados, y actúa a veces con violencia e insensata desesperación. La violencia estalla a diario en nuestras calles y casas. Los terroristas y los extremistas antigubernamentales libran batallas enloquecidas en sus mentes.

En cierto modo, es la oscuridad inevitable antes de la aurora. Sin embargo, creo que desde la perspectiva de la nueva conciencia nuestro camino está marcado con claridad.

Percibir la cosmovisión

Así como podemos adentrarnos en nosotros mismos y recordar nuestra Visión del Nacimiento, podemos volver a ese lugar de sabiduría y recordar la intención más amplia que motivó la historia. A través de la oración o la meditación o con caminatas por un sitio sagrado no contaminado, podemos recordar la Visión del Mundo compartida, una visión del mundo humano futuro que estamos creando.

En mi opinión, siempre supimos que llegaría este momento: la hora en que traeríamos totalmente a la conciencia nuestro objetivo evolutivo y luego todos trabajaríamos en forma consciente para llegar hasta él. Creo que el primer hecho que vemos en nuestra visión es una gran ola que va formándose en este momento de la historia, empujada por individuos que pueden ver un futuro positivo.

Más aún, ya vemos la primera acción —resolver la polarización de opinión que bloquea la continuidad de nuestra evolución— y la forma precisa de realizar esta tarea. Si observamos la situación desde la perspectiva de nuestra nueva conciencia espiritual, vemos que, mientras que algunos individuos se resisten a construir una cultura espiritual en la Tierra por miedo, la mayoría se resisten debido a la intuición profundamente arraigada de que muchos valores importantes sostenidos en la vieja visión del mundo se encuentran en peligro de perderse en la transición.

Están preocupados porque en nuestros esfuerzos por liberar el potencial humano se transfiere demasiado poder a gobiernos centralizados de todo el mundo y estamos perdiendo los valores importantes de la iniciativa personal, la confianza y la responsabilidad. Y cabe suponer que, al expresar esta preocupación, manifiestan la verdad de sus Visiones del Nacimiento. Como vemos, para resolver la polarización debemos empezar por integrar las mejores ideas de ambas partes.

También vemos, según mi parecer, que esto ocurre porque la nueva conciencia comienza a afectar las fuerzas políticas alineadas de uno u otro lado. Los laboratorios de reflexión, las empresas de noticias y los políticos mismos encontrarán una perspectiva más elevada respecto de estos temas. Por ejemplo, analicemos el presupuesto nacional. Esta cuestión no tiene que ver sólo con déficit, sino con asignaciones corruptas y trampas fiscales que benefician intereses especiales a expensas del bien público.

Estos problemas pueden resolverse con rapidez si todos los políticos aprovechan la oportunidad y se divorcian de los intereses especiales que buscan el privilegio injusto. Creo que bastaría con que un grupo respetable de hombres y mujeres de Estado, tal vez retirados, realizara conferencias de prensa semanales —dando nombres, exponiendo legislación de interés especial— para revertir el sentimiento de la opinión pública. Los republicanos deben terminar con la beneficencia que dieron a las empresas y a las entidades societarias. Los demócratas deben desenmarañar los sistemas de seguridad social, entre ellos los programas sociales para los ancianos sanos, y mantener los que son auténticamente justos.

¿Y qué pasa con el resto de la sociedad humana? Una vez más, la sincronicidad ha estado llevando a millones de individuos inspirados por la nueva conciencia hasta la posición indicada para cumplir sus misiones y ahora podemos ver la visión más amplia de lo que queremos que pase. Los héroes están en su lugar, y los héroes somos nosotros. De pronto miraremos nuestra profesión, nuestra oficina y el trabajo y diremos: "Este lugar no está funcionando en su nivel de propósito más alto".

O miraremos un problema social y pensaremos: "Esto no está bien; alguien debería hacer algo". En ese momento nos daremos cuenta de lo que queríamos que ocurrriera, lo que nuestra Visión del Mundo aclara. En todos esos casos, la persona que debe hacer, que debe intervenir, es uno mismo.

Y como comprendemos la dinámica de la competencia por la energía, estas intervenciones pueden producirse con menos hostilidad y una cooperación más inspirada. A veces, de modo inesperado, encontraremos en el lugar preciso a otros que nos ayudarán. Y hasta recordaremos que, antes de nacer, planeamos juntos venir a este lugar para reformar una situación o institución particular.

De ese modo todos podemos recordar de una manera más elevada lo que queríamos hacer, en este momento de la historia, para que una gran ola de acción inspirada recorriera todo el planeta, abordando todos los problemas actuales del mundo.

SUPERAR LA POBREZA Y EL HAMBRE EN EL MUNDO

Nuestra ola de intervención para superar la pobreza y el hambre avanzará integrando dos verdades importantes. Los partidarios del viejo paradigma sostienen desde siempre que estos problemas no pueden ser resueltos por burócratas poco inspirados y con una orientación secular, individuos que utilicen fórmulas abstractas. Lo único, según ellos, que produce este tipo de intervención es que los que se hallan inmersos en la pobreza dependan más de la beneficencia del Estado. Sin embargo, muchísimas veces los que defienden el viejo paradigma utilizaron este argumento como excusa para no hacer nada.

Ahora bien, creo, no obstante, que los partidarios del viejo paradigma tuvieron razón en poner el acento en la responsabilidad personal, pero los potencialistas también tuvieron razón en intuir que hay una manera de ayudar. Estoy convencido de que nuestra visión más elevada nos revela ahora qué podemos hacer.

La clave para resolver los ciclos de pobreza en las familias consiste en intervenir de una manera personal. Los programas estatales nunca funcionarán más que como una red de protección. Cientos de miles de personas nos encontramos en posición de intervenir con una familia que se halla en circunstancias terribles o en la pobreza. Crecerá el número de las organizaciones de voluntarios como Big Brothers, Big Sisters, así como grupos dedicados a terminar con el hambre en el mundo, pero la mayor cantidad de voluntarios surgirá en forma espontánea de las persona que van por la calle, que ayudarán a un niño o consolarán a una familia. Ésta es una verdad que va emergiendo ahora a la conciencia, y el reciente énfasis en este tipo de ayuda voluntaria expresado por el general Colin Powell y dos ex presidentes es sólo el comienzo.[2]

La pobreza de cualquier lugar del mundo constituye una situación alimentada por el miedo, la subeducación y una incapacidad de aprovechar las oportunidades que se presentan. La solución es que los individuos que están viviendo en forma sincrónica intervengan personalmente para ayudar a los que se hallan atrapados en esquemas autodestructivos. A través de la interacción podemos configurar una nueva forma de llevar adelante la vida que los integrantes de la familia en la pobreza puedan aplicar a sus propias situaciones.

Recuerde que en este universo conectado, que es el nuestro, tenemos el potencial de compartir las mentes, y nuestra nueva conciencia se transfiere casi literalmente por contagio. Descubrir la sincronicidad, conectarse con la energía divina interior, eliminar patrones repetidos y liberarse para encontrar el propio recorrido milagroso es algo que funciona para todos los seres humanos, más allá de la situación en la que estén.

Prevenir el crimen

El problema del crimen es más difícil, pero responderá exactamente de la misma manera si integramos lo mejor de otra serie polarizada de creencias. Hace cuarenta años, en los Estados Unidos el crimen callejero se abordaba sin ninguna tolerancia. Los de la calle eran arrestados y se los enviaba a la cárcel por vagancia; la policía tenía casi poder absoluto. Gracias al trabajo de los que creen en los derechos humanos se reformó el sistema para que pudiera funcionar más de acuerdo con la Constitución. No obstante, los que defienden el viejo paradigma a menudo consideran que el énfasis de los últimos treinta años en los derechos del acusado, la génesis social de la desviación y la necesidad de rehabilitación socavaron la aplicación de la ley y generaron una explosión en los niveles de delincuencia.

Lo que vemos ahora, creo, es que en parte esa idea es correcta. El énfasis en la intervención social de las burocracias trajo en verdad aparejado un abandono de las normas, en especial allí donde cárceles superpobladas y los jueces condescendientes provocaron un incremento de liberaciones prematuras y de una indulgencia lisa y llana. El mensaje en la calle era que el crimen —de guante blanco u otro— no se tomaba en serio y hasta se excusaba. Lo que vemos ahora —como lo prueban recientes enfoques antitolerancia en muchas de nuestras principales ciudades— es que la intervención contra el crimen debe ir respaldada por una norma de "amor duro" en el sentido de que no se tolerarán el crimen y la violencia.

Pero las normas duras no funcionan por sí solas. También deben aplicarse los valores de los potencialistas humanos. La mayoría de los programas recientes que dieron resultado combinan una postura más firme con más policías de la comunidad que trabajan en un área local, llegan a conocer a las familias y sus problemas y por ende pueden prevenir gran parte de los delitos.[3]

Los enfoques actuales para aplicar la ley son sólo el comienzo. Estoy convencido de que nuestra visión es nuevamente abordar el problema con una ola de individuos comprometidos que siguen su sincronicidad. El policía de ronda no puede hacerlo todo. Y en la mayoría de los casos de crímenes, planeados o producto de la cólera, alguien sabe que está por suceder, y de nuevo, ese alguien es la persona más calificada para actuar. Por cierto, hay que tomar la precaución de protegerse y notificar a los profesionales cuando corresponda, pero a menudo las palabras de aliento o una sugerencia solidaria al inicio del proceso puede evitar más tarde una situación extrema. Una vez más, todo esto ocurrirá en el flujo de la sincronicidad y una cantidad mayor incluso de individuos responderá a la llamada.

La protección del medio ambiente

De igual manera resolveremos los problemas ambientales del mundo. Olas de individuos inspirados se darán cuenta de pronto de que ocupan el lugar indicado para actuar.

La contaminación del aire y el agua sigue empeorando pues cada año se arrojan toneladas de sustancias químicas tóxicas al medio ambiente. Además, la industria inventa constantemente nuevas sustancias químicas y las introduce en la biosfera con muy poca o ninguna reglamentación, para usarlas en su mayor parte como pesticidas y herbicidas en la provisión de alimentos para el mundo.[4]

El problema es tan grave que la Asociación Médica Estadounidense advirtió que las madres embarazadas y los bebés no deben comer vegetales producidos en masa en los Estados Unidos.[5] El doctor Andrew Weil, que está convirtiéndose rápidamente en portavoz médico nacional, aconseja no comer moluscos o pescado de aguas profundas porque sus cuerpos ahora contienen muchas sustancias químicas tóxicas, y recomienda además comprar sólo alimentos producidos en forma orgánica. Advierte que muchas sustancias no controladas, al combinarse entre sí, se vuelven más tóxicas de lo que se imaginó.[6] Esto no es más que una acción prudente en un mundo donde la cantidad de enfermos de cáncer aumenta en forma inexplicable.

La contaminación de nuestro medio ambiente, en especial la descarga ilegal de desechos y el uso indiscriminado de sustancias químicas no controladas, siempre es perpetrada por unas pocas personas que mandan. Cuando la ola de la nueva conciencia espiritual entre en la sociedad, estas acciones serán cada vez más observadas y algunos individuos inspirados harán oír el silbato. La descarga ilegal de desechos, por ejemplo, siempre se produce en algún lugar específico al borde los mares o en nuestros ríos y cloacas. Cuando seamos más los individuos guiados por la sincronicidad, la gente se sentirá motivada para cuidar cada pulgada de costa y cada río. Si los desechos se arrojan de noche, alguien estará allí, siguiendo una intuición y listo para hacer sonar la alarma. De esta forma, legiones de ciudadanos inspirados, provistos de cámaras de vídeo, atraerán la atención del público hacia esta contaminación.

SALVAR LOS BOSQUES

Uno de los crímenes más trágicos contra nuestro planeta es la desforestación. Desde un punto de vista ambiental solamente, considerando el papel que desempeñan los bosques en la producción del oxígeno para el mundo, la situación es alarmante. Pero de esta destrucción se desprenden otros peligros y costos monumentales. Los seres humanos continúan migrando a las ciudades y a barrios de cemento desprovistos de la energía mágica de la naturaleza. En los Estados Unidos, sobre todo, se destruyen de continuo zonas naturales mediante el desarrollo y la corrupción.

La mayoría de los ciudadanos estadounidenses no se dan cuenta de que las empresas forestales y mineras son subsidiadas por el contribuyente para saquear los bosques de nuestras tierras públicas. El Servicio Forestal no sólo usa fondos públicos para construir caminos que llegan a las últimas zonas naturales que quedan, creando un subsidio para grandes empresas multinacionales, sino que luego vende la madera y los minerales a precios más bajos que los imperantes en el mercado. Las madereras son famosas por publicar avisos sentimentales en los que afirman que administran nuestros bosques y plantan más árboles de los que talan. Pero en realidad están arruinando viejos bosques dotados de una rica diversidad de plantas, animales y energía, y reemplazándolos con hileras estériles de pinos, creando así granjas y no bosques. Otro problema es el robo liso y llano de madera por parte de empresas que cortan más madera de la que venden y que ni siquiera pagan sus licitaciones originales.[7] Muchas veces, administradores del Servicio Forestal son contratados por las mismas empresas que antes regulaban, con lo cual se crea una actitud de "hacer la vista gorda" por parte del Servicio Forestal.

Por suerte, podemos ver los estratos de corrupción gubernamental que perpetúan esta beneficencia empresaria. Y podemos ver la solución, una ola de ciudadanos preocupados que se hacen oír para poner fin a esta corrupción y apoyar la legislación y las organizaciones reformistas. Cuando un número suficiente de gente sepa que existe esta corrupción, se la podrá frenar con rapidez.

GUERRA Y TERRORISMO

¿Y el problema mundial de la guerra y el terrorismo? Como vimos en Bosnia y otros lugares, los conflictos de larga data son motivados por el odio religioso y étnico, y siempre lo mantienen vivo individuos y pequeños grupos de personas alienadas y temerosas. En estos casos, algunos usan su obsesión con el conflicto para ahuyentar la ansiedad de la muerte y dar sentido a su vida. Otras actividades terroristas en el mundo son perpetradas exactamente por la misma razón. Forman parte de una obsesión grupal con una causa.

En nuestra Visión del Mundo vemos que finalmente nuestra nueva conciencia espiritual alcanzará también a esos sujetos. Individuos inspirados se reunirán y llegarán a conocer a los que están en las zonas periféricas de los grupos separatistas violentos y terroristas y poco a poco el nivel de energía más elevado influirá en amigos que conocen personalmente a quienes están en el núcleo de estos conflictos. Estos amigos descubrirán que su misión más elevada es la de ayudar a los terroristas a despertar y detener esa violencia sin sentido.

LA TRANSFORMACIÓN DE LA CULTURA

Nuestra Visión del Mundo no termina con una intervención en nuestros problemas sociales. El funcionamiento cotidiano de cada aspecto de la vida cotidiana se verá afectado por la creciente ola de individuos que vivan la nueva conciencia. La economía empezará a transformarse al introducir el diezmo como complemento del comercio normal. La actividad comercial continuará avanzando a medida que los que tienen empresas pequeñas empiecen a tomar decisiones que apunten a un nivel más ideal de funcionamiento.

El capitalismo ha revelado ser el sistema económico humano más funcional. ¿Por qué? Porque está orientado a satisfacer las necesidades de los seres humanos y porque permite un ingreso constante de información y tecnología nuevas que se reacomodan de maneras cada vez más productivas, cambiando y modificándose en respuesta a nuestra conciencia. En suma, evoluciona.

Las desviaciones del capitalismo sobrevienen cuando los individuos son vulnerables a una publicidad excesiva que trata de crear necesidades basadas en la inseguridad o cuando el funcionamiento del mercado no protege como corresponde a los consumidores o al medio ambiente. En principio, estos problemas se resuelven si las personas que están en el comercio se concentran en satisfacer verdaderamente las necesidades humanas en vez de maximizar sólo las ganancias. Creo que estamos avanzando hacia este ideal. Gracias a la creciente conciencia espiritual de los que están en la actividad empresaria, y gracias a que son ellos los que se encuentran perfectamente ubicados para cambiar, cada vez somos más los que empezamos a ver que estamos al servicio de una visión más elevada del futuro.

En parte, este cambio está produciéndose en un momento en que la ética empresarial parece estar más baja que nunca y las empresas están encerradas en pensar solamente en los beneficios a corto plazo. Sin embargo, la creciente conciencia de esta venalidad nos empuja hacia la reforma. La opinión pública forzará el péndulo de la empresa hacia el otro lado. Las empresas que de veras tienen en cuenta los costos ambientales y satisfacen las necesidades del consumidor saldrán favorecidas. Y con lentitud, debido a nuestra mayor conciencia del destino de nuestra evolución, las empresas volverán a pensar a largo plazo.

El vencimiento planeado (la práctica de diseñar productos que después de un tiempo no sirven) se verá reemplazado por una ética de hacer productos para durar toda la vida al menor costo posible, porque, una vez más, la evolución nos lleva hacia una economía en la que nuestras necesidades materiales serán satisfechas de manera automática y gratuita, con lo cual nuestro foco de atención será el intercambio de información espiritual.

Por supuesto, como señalamos, para que todo esto sea posible debemos descubrir una fuente de energía renovable de bajo costo y nuevos materiales que sean baratos y duraderos. Según numerosos científicos, estamos más cerca de perfeccionar la fusión fría. Si bien las batallas de los paradigmas en torno de este descubrimiento siguen siendo encarnizadas (la fusión fría al parecer funciona de una manera que cuestiona las viejas teorías físicas), creo que nuestra intención nos dice que en definitiva encontraremos una fuente renovable ilimitada.

Distintas empresas que sin duda han invertido mucho en la producción de gas y petróleo lucharán contra este avance. Pero los individuos inspirados que trabajarán para implementar la verdad serán irrefrenables. Los científicos descubrirán que ésta es exactamente el área que da a sus vidas el mayor significado y propósito, y periodistas lúcidos divulgarán la información al público antes de que pueda eliminarse.

Ocupaciones y profesiones

Nuestra Visión del Mundo nos muestra, creo, que todas las ocupaciones y profesiones se transformarán. Ya en muchas áreas de la sociedad humana están creándose asociaciones reformistas para controlar las normas éticas. Dentro de la profesión médica, por ejemplo, asociaciones de profesionales trabajan para promover técnicas preventivas pensadas para eludir la enfermedad antes de que comience, en vez de reaccionar simplemente con drogas y a veces cirugía innecesaria.[8]

Reformas similares están produciéndose en la profesión legal. Los abogados ocupan una posición ideal para contribuir a resolver los conflictos entre las personas aportando soluciones a los problemas en las que nadie pierda. Por desgracia, la gente experimentó justamente la acción opuesta por parte de la mayoría de los abogados, descubriendo que a menudo agravan la situación, llevan casos a los tribunales sin necesidad y extienden el problema entre las partes el mayor tiempo posible, sólo para ganar más honorarios. Pocas profesiones son peor consideradas. No obstante, hay asociaciones de abogados dedicadas a reformar estas prácticas corruptas y llevar la profesión legal a un nivel más ideal de funcionamiento.[9]

De este modo, todas las profesiones y ocupaciones empezarán a cambiar. Los contadores serán maestros más eficaces sobre el manejo del dinero. Tanto las empresas como los productores agrícolas cultivarán los alimentos en forma orgánica para preservar el suelo, incorporar vitaminas y minerales a sus cultivos y no contaminar con los residuos de los pesticidas químicos. Los dueños de restaurantes empezarán a servir sólo estos alimentos puros y de alto contenido energético, preservando su valor nutritivo. Los periodistas se apartarán del sensacionalismo para volcarse a una visión más espiritual. Y los constructores y proyectistas empezarán a preservar las zonas naturales que quedan y volverán a sembrar otras áreas. Vivir lo más cerca posible de un ambiente natural con mucha energía y tener cada vez más parques verdes y áreas para caminar alrededor de nuestros complejos comerciales nos beneficiará a todos. A la larga, cada institución evolucionará hacia su papel de servicio más importante y facilitará la conciencia espiritual en todas partes.

LA FUSIÓN DE LAS DIMENSIONES

En mi opinión, nuestra Visión del Mundo nos muestra que los seres humanos seguirán aumentando sus niveles de energía personal. Durante la evolución de las prácticas y los objetivos empresarios, y la transformación de nuestros papeles profesionales y ocupaciones, seremos guiados en el camino por momentos sincrónicos que nos llenarán de niveles cada vez más altos de inspiración y energía.

A medida que sean más los individuos que aumenten su energía, ésos serán los niveles de energía previsibles en la cultura y las expectativas de vida empezarán a alargarse de manera considerable. Trabajando para estabilizar los niveles de población del mundo, parejas inspiradas dejarán de tener hijos propios para adoptar niños sin padres de todo el mundo.

Con el tiempo iremos automatizando nuestras necesidades de supervivencia, volveremos a poblar los bosques diezmados y gran parte de la Tierra volverá a su estado salvaje. Viviremos en casas infinitamente duraderas y alimentadas con una energía inagotable. A esa altura, nuestra misión será crecer espiritualmente y concentrarnos en el aumento de la energía. Entonces, los momentos sincrónicos serán más inspiradores al encontrarnos con otros en algún sendero boscoso o debajo de un roble de quinientos años junto al arroyo. Una vez más, esos encuentros se producirán en los momentos indicados para que nuestras vidas evolucionen hacia un nivel más alto de energía.

Al mismo tiempo, aumentarán los contactos con ángeles y seres queridos que se han ido y ya están en la Otra Vida, hecho que completará una tendencia que ya está sucediendo.[10] La muerte se conocerá como una transición a una dimensión cada vez más familiar y menos amenazadora. Y por último, cuando los modelos de la energía del *quantum* en nuestros cuerpos empiecen a aumentar a niveles cada vez más altos, llegaremos a la forma puramente espiritual. Seguiremos parados exactamente donde estamos, junto al arroyo o debajo del viejo roble, pero podremos ver nuestros cuerpos como lo que siempre fueron: pura luz.

Aquí, al fin, iluminados por nuestra Visión del Mundo, creo que podemos ver en su totalidad el propósito del viaje histórico de la vida en la Tierra. En tanto aspectos de la conciencia divina, vinimos aquí a manifestar lentamente la conciencia espiritual de la Otra Vida en esta dimensión. Desde el Big Bang hasta complejos átomos y moléculas, desde plantas y animales unicelulares hasta seres humanos, lo que hicimos fue avanzar. A través del trabajo de miles de generaciones y millones de individuos con valor suficiente para expresar sus inspiradas verdades, trabajamos lentamente para vivir una conciencia que conocíamos pero que debíamos recordar en nuestra forma humana.

Nuestro propósito preponderante fue el de elevar nuestro nivel de energía al punto de poder entrar en la dimensión de la Otra Vida fusionando en esencia las dos dimensiones en una.

Curiosamente, veremos que los ángeles y otras almas siempre estuvieron allí, aunque fuera de nuestra vista, trabajando en forma incesante para ayudarnos a alcanzar el nivel de conciencia capaz de disolver el velo.

SOSTENER LA VISIÓN

Al mirar en derredor en estos últimos días del siglo XX, sabemos que todavía no llegamos a nuestro destino. En realidad, a muchos este libro puede parecerles en exceso optimista, cuando no ridículo. Los supuestos y miedos de la vieja visión del mundo secular todavía tironean de nosotros, nos imprimen la ilusión de que nada mágico puede pasar y nos seducen con la falsa seguridad del escepticismo y la negación.

Nuestro desafío consiste, pues, en poner en acción nuestra conciencia y mantener la fe. Como vimos, todo lo ganado en la historia se realizó gracias a individuos heroicos que empujaron para adelante contra toda adversidad. Sin embargo ahora, como nunca antes, nos encontramos en una encrucijada. En los años venideros la ciencia completará su redefinición del universo exterior y nuestra relación con él y se confirmará el sorprendente alcance de nuestras capacidades creativas.

Somos, en esencia, campos conscientes de intención y lo que nos parece saber, lo que creemos, está grabado afuera en medio de todos los demás y en el cosmos que, en gran medida, nos da el futuro que imaginamos. A medida que crezca esta capacidad, nuestro poder aumentará y nuestras decisiones éticas se verán fortalecidas.

En la Tierra futura podremos manifestar casi todo lo que nuestros egos puedan llegar a soñar, y por eso debemos ser cuidadosos como nunca con lo que soñamos. Debemos vigilar nuestros pensamientos porque las imágenes negativas, como balas perdidas, se disparan y hacen daño. Por fortuna, todos los grandes místicos de la historia, al igual que nuestras escrituras más sagradas, nos lo advirtieron: siempre debemos buscar dentro de nosotros la sabiduría más elevada para diagramar el camino de nuestra vida. Cada uno debe encontrar su confirmación de una Visión del Mundo derivada no del miedo o la penuria, sino de alguna parte más grandiosa de su memoria.

Una vez que encontramos esa visión comienza el trabajo emocionante. Esta visión no sólo nos centra en el coraje necesario para llevar a cabo nuestras misiones individuales, sino que nos lleva al punto más elevado de nuestra nueva conciencia espiritual, el punto en que puede servir de base para todo lo que llevamos a cabo. Lo único que debemos hacer para mantenernos centrados en esta conciencia, para vivirla todos los días, es sostener esa visión interior.

Antes de salir de casa, debemos encontrar el espacio, la postura espiritual para vivir lo que sabemos. El poder de la fe es real. Cada pensamiento es una oración y si la visión de la nueva conciencia espiritual está en el fondo de nuestra mente cada día, cada minuto, cuando interactuamos en el mundo, la magia de la sincronicidad se acelerará para todos y el destino que intuimos en nuestros corazones se hará realidad.

NOTAS

PREFACIO

1. G. Celente, *Trends 2000*, Warner, Nueva York, 1997.

2. N. Herbert, *Quantum Reality: Beyond the New Physics*, Anchor/Doubleday, Nueva York, 1985.

3. F. Capra, *Turning Point*, Bantam, Nueva York, 1987.

4. E. Becker, *The Denial of Death*, Free Press, Nueva York, 1973.

5. W. James, *The Varieties of Religious Experience*, Random House, Nueva York, 1994; C. Jung, *Modern Man in Search of a Soul*, Harcourt Brace, Nueva York, 1995; H. D. Thoreau, *On Walden Pond*, Borders Press, Nueva York, 1994; R. W. Emerson, *Complete Works*, Reprint Services, Irvine, California, 1992; A. Huxley, *Huxley and God*, HarperSanFrancisco, San Francisco, 1992; G. Leonard, *The Transformation*, J. P. Tarcher, Los Ángeles, 1992; M. Murphy, *The Future of the Body*, J. P. Tarcher, Los Ángeles, 1992; F. Capra, *The Tao of Physics*, Bantam, Boulder, Colorado, 1976; M. Ferguson, *The Aquarian Conspirancy*, J. P. Tarcher/Putnam, Nueva York, 1980; L. Dossey, *Recovering the Soul*, Bantam, Nueva York, 1989.

CAPÍTULO 1

1. J. C. Pearce, *Crack in the Cosmic Egg,* Pocket, Nueva York, 1971.

2. N. O. Brown, *Life Against Death,* Wesleyan Univ. Press, Hanover, N. H., 1985; A. Maslow, *Farther Reaches of Human Nature,* Viking/Penguin, Nueva York, 1993; *Religions, Values and Peak Experiences,* Viking/Penguin, Nueva York, 1994.

3. K. Horney, *Neurosis and Human Growth,* W. W. Norton, Nueva York, 1993.

CAPÍTULO 2

1. Progoff, *Jung: Synchronicity and Human Destiny,* Julian Press, Nueva York, 1993.

2. C. Jung, *Synchronicity,* Bollingen/Princeton Univ. Press, Nueva York, 1960.

3. F. D. Peat, *Synchronicity: The Bridge Between Matter and Mind,* Bantam, Nueva York, 1987.

4. M. A. Carskadon, compilador, *Encyclopedia of Sleep and Dreaming,* Macmillan, Nueva York, 1993.

5. A. Robbins, *...with Deepak Chopra,* entrevista grabada, Gutthy-Renker, 1993.

6. E. Becker, *Escape from Evil,* Free Press, Nueva York, 1985.

CAPÍTULO 3

1. E. Becker, *The Structure of Evil,* George Braziller, Nueva York, 1968.

2. T. Cahill, *How the Irish Saved Civilization,* Anchor/Doubleday, Nueva York, 1995.

3. A. Koestler, *The Sleepwalkers,* Grosset & Dunlap, Nueva York, 1963.

4. F. Capra, *Turning Point,* Bantam, Nueva York, 1987.

5. E. Becker, *The Denial of Death,* Free Press, Nueva York, 1973.

CAPÍTULO 4

1. T. S. Kuhn, *The Structure of Scientific Revolutions,* Univ. Of Chicago Press, Chicago, 1970.

2. F. Capra, *The Tao of Physics,* Bantam, Boulder, Colorado, 1976.

3. M. Kaku y J. Trainen, *Beyond Einstein,* Bantam, Nueva York, 1987.

4. N. Herbert, *Quantum Reality: Beyond the New Physics,* Anchor/Doubleday, Nueva York, 1985.

5. M. Kaku, *Hyperspace,* Oxford Univ. Press, Nueva York, 1994.

6. Herbert, *Quantum Reality.*

7. Ibíd.

8. Kaku, *Hyperspace.*

9. R. Leakey, *The Origin of Humankind,* Basic Books/HarperCollins, Nueva York, 1994.

10. M. Murphy, *The Future of the Body,* J. P. Tarcher, Los Ángeles, 1992.

11. F. Goble, *The Third Force,* Thomas Jefferson Center, Pasadena, California, 1970.

12. I. Progoff, *Jung: Synchronicity and Human Destiny,* Julian Press, Nueva York, 1993.

13. R. D. Laing, *The Divided Self,* Pantheon, Nueva York, 1969.

14. E. Berne, *Games People Play,* Ballantine, Nueva York, 1985; T. Harris, *I'm OK/You're OK,* HarperCollins, Nueva York, 1969.

15. P. Teilhard de Chardin, *The Phenomenon of Man,* Borgo Press, San Bernardino, California, 1994; Sri Aurobindo, *Major Works of Sri Aurobindo,* Auromere, Lodi, California, 1990.

16. *Biofeedback: A Source Guide,* Gordon Press, Nueva York, 1991.

17. L. Dossey, *Healing Words,* HarperCollins, Nueva York, 1993.

18. L. Dossey, *Recovering the Soul,* Bantam, Nueva York, 1989.

19. Dossey, *Healing Words.*

20. Dossey, *Recovering the Soul.*

21. Ibíd.

22. L. Dossey, *Be Careful What You Pray For, You Just Might Get It,* HarperSan Francisco, San Francisco, 1997.

CAPÍTULO 5

1. R. D. Laing, *Self and Others*, Pantheon, Nueva York, 1970.

2. E. Berne, *Games People Play,* Ballantine, Nueva York, 1985.

3. J. Q. Wilson y R. J. Hernstein, *Crime and Human Nature: The Definitive Study of the Causes of Crime,* Touchstone/Simon & Schuster, Nueva York, 1985.

4. J. Hillman, *We Had a Hundred Years of Psychotherapy —and the World's Getting Worse,* HarperSanFrancisco, San Francisco, 1992.

CAPÍTULO 6

1. C. Jung, *Psychology and Religion,* Yale Univ. Press, New Haven, Connecticut, 1938; A. W. Watts, *Psychotherapy East and West,* Random House, Nueva York, 1975; D. T. Suzuki, *Introduction to Zen,* Grove/Atlantic, Nueva York, 1987.

2. P. Yogananda, *Autobiography of a Yogi,* Self Realization Fellowship, Los Ángeles, 1974; J. Krishnamurti, *Think on These Things,* Random House, Nueva York, 1975; R. Dass, *Be Here Now,* Lama Foundation, San Cristobal, N.M., 1971.

3. G. K. Chesterton, *St. Francis of Assisi,* Doubleday, Nueva York, 1987; M. Eckhart, *Treatises and Sermons of Meister Eckhart,* Hippocrene, Nueva York, 1983; E. Swedenborg, *Scientific and Philosophical Treatises,* Swedenborg Foundation, West Chester, Pa., 1991; E. Bucke, *Cosmic Counsciousness,* Carol Publishing Group, Secaucus, N.J., 1969.

4. S. P. Springer y G. Deutsch, *Left Brain, Right Brain,* W. H. Freeman, Nueva York, 1981.

5. M. Murphy, *Golf in the Kingdom,* Penguin Books, Nueva York, 1972.

6. A. W. Watts, *Way of Zen,* Mentor/New American Library, Nueva York, 1957; *Wisdom of Insecurity,* Random House, Nueva York, 1968.

CAPÍTULO 7

1. J. Hillman, *The Soul's Code,* Random House, Nueva York, 1996.

2. D. Gaines, *Teenage Wasteland: America's Dead End Kids,* HarperCollins, Nueva York, 1992.

3. M. Williamson, *A Return to Love,* HarperCollins, Nueva York, 1992.

4. B. Weiss, *Many Lives, Many Masters,* Simon & Schuster, Nueva York, 1988.

5. W. W. Dyer, *What Do You Really Want for Your Children?,* William Morrow, Nueva York, 1985.

CAPÍTULO 8

1. C. Sagan, *A Demon Haunted World,* Random House, Nueva York, 1995.

2. M. Murphy, *The Future of the Body,* Apéndice A, J. P. Tarcher, Los Ángeles, 1992.

3. K. Horney, *The Neurotic Personality of Our Time,* W. W. Norton, Nueva York, 1993.

4. P. Koch-Sheras, *Dream Sourcebook: An Eye Opening Guide to Dream History, Theory and Interpretation,* Lowell House, Los Ángeles, 1995.

5. Murphy, *The Future of the Body.*

6. S. MacLaine, *Out on a Limb,* Bantam, Nueva York, 1993.

7. Murphy, *The Future of the Body.*

8. V. Frankl, *Man's Search for Meaning,* Buccaneer, Nueva York, 1993.

CAPÍTULO 9

1. M. McLuhan, The Medium Is the Message, Simon & Schuster, Nueva York, 1989.

2. M. Buber, *I and Thou,* Simon & Schuster, Nueva York, 1984.

3. M. Shaw, *Group Dynamics,* McGraw-Hill, Nueva York, 1980.

4. B. Stokes, *Helping Ourselves: Local Solutions to Global Problems,* Norton, Nueva York, 1981.

5. J. Sanford, *Invisible Partner,* Paulist Press, Mahwah, N.J., 1980.

6. M. Beattie, *Codependent No More,* Harper-Hazelden, Nueva York, 1987.

7. H. Hendrix, *Getting the Love You Want,* HarperCollins, Nueva York, 1990; *Keeping the Love You Find,* Pocket, Nueva York, 1993.

8. H. Schucman y W. Thetford, *A Course in Miracles,* Foundation for Inner Peace, Glen Ellen, California, 1976.

CAPÍTULO 10

1. C. Fillmore, *Prosperity,* Unity, Lee's Summit, Mo., 1995; *Atom Smashing Power of the Mind,* Unity, Lee's Summit, Mo., 1995; N. Hill, *Master Key to Riches,* Fawcett, Nueva York, 1986; *You Can Work Your Own Miracles,* Fawcett, Nueva York, 1996; N. V. Peale, *In God We Trust,* Thomas Nelson, Nashville, Tenn., 1995; *God's Way to the Good Life,* Keats, New Canaan, Conn., 1974.

2. J. Rifkin, *The End of Work,* J. P. Tarcher/Putnam, Nueva York, 1995.

3. *Wall Street Journal,* "Work & Family", suplemento especial, 31 de marzo de 1997.

4. E. F. Mallove, "Is New Physics Needed", *Infinite Energy Magazine,* noviembre/diciembre de 1996.

5. W. Greider, *One World, Ready or Not,* Simon & Schuster, Nueva York, 1997.

6. R. Gerber, *Vibrational Medicine,* Bear & Co., Santa Fe, N.M., 1988.

7. M. Murphy, *The Future of the Body,* J. P. Tarcher, Los Ángeles, 1992.

CAPÍTULO 11

1. Encuesta Gallup, 1991, Roper Center, Universidad de Connecticut.

2. K. Ring, *Heading Toward Omega,* Quill/William Morrow, Nueva York, 1984; M. Morse, *Transformed by the Light,* Ballantine/Random House, Nueva York, 1992.

3. Morse, *Transformed by the Light.*

4. E. Becker, *Escape from Evil,* Free Press, Nueva York, 1985.

5. R. A. Monroe, *Journeys Out of the Body,* Anchor/Doubleday, Nueva York, 1977.

6. R. Montgomery, *A World Beyond,* Fawcett Crest/Ballantine, Nueva York, 1985.

7. Ring, *Heading Toward Omega.*

8. I. Stevenson, *Children Who Remember Previous Lives,* University Press, Charlottesville, Va., 1987.

9. B. Weiss, *Many Lives, Many Masters*, Simon & Schuster, Nueva York, 1988.

CAPÍTULO 12

1. M. Ivins, "Long and Short of Corporate Welfare", *Minneapolis Star Tribune,* 1 de diciembre de 1994.

2. D. Boyett, "Summit May Point Toward Better Future", *Orlando Sentinel,* 27 de abril de 1997.

3. M. F. Pols, "City Officials Encourage Efforts for Community Based Policing", *Los Angeles Times,* 17 de enero de 1995.

4. P. Hawken, *The Ecology of Commerce,* HarperBusiness, Nueva York, 1993.

5. S. Gilbert, "America Tackles the Pesticide Crisis", *New York Times,* 8 de octubre de 1989.

6. A. Weil, *Optimum Health*, Knopf, Nueva York, 1997.

7. T. P. Healy, "Dividends Reaped from Investing in Environment", *Indianapolis Star,* 6 de octubre de 1996.

8. American Holistic Medical Association, Raleigh, N.C.; Ame-

rican Association of Naturopathic Physicians, Seattle; Canadian Naturopathic Association, Etobicoke, Ontario; Physicians' Association for Anthroposophical Medicine, Portland, Ore.; Weleda, Inc., Congers, N.Y.; World Research Foundation, Sherman Oaks, Calif.

9. Anthroposophical Society in America, Chicago; Envison Associates, Chestnut Ridge, N.Y.; ADR Options, Filadelfia; Coast to Coast Mediation Center, Encinitas, Calif.

10. B. y J. Guggenheim, *Hello from Heaven,* Bantam, Nueva York, 1995.

EN BUSCA DE LA LUZ INTERIOR

James Redfield

El poderoso mensaje de los extraordinarios libros *La Novena Revelación* y *La Décima Revelación* puede ayudarlo a cambiar su vida... y el mundo.

Las Revelaciones contenidas en las obras de James Redfield han transformado las vidas de muchos millones de personas. La razón es simple: no son teóricas. Cuando percibimos cómo funcionan, las coincidencias y los encuentros providenciales se suceden con mayor frecuencia. Al expandirse nuestro nivel de conciencia, nuestra visión global se amplía y vislumbramos el núcleo de la Creación. Al tomar conciencia de que el pensamiento y la visualización preceden a la realidad, podemos empezar a servirnos de ellos en beneficio de nuestro futuro y del futuro de la Tierra.

Compañera ideal de *La Décima Revelación,* esta guía práctica ha sido especialmente preparada para ayudar a individuos y grupos a aplicar los conceptos presentados en dicho libro. Explicaciones y ejercicios detallados sobre temas como las vidas pasadas, los grupos de almas, las visiones del nacimiento, la utilización de los sueños y oraciones, la Otra Vida y la Visión Global nos ayudan a experimentar directamente cómo se ajustan nuestras vidas a los ciclos eternos.

En busca de la luz interior nos enseña a descubrir nuestra misión personal, revelándonos de qué manera todos participaremos en los cambios mundiales que se producirán al aproximarse el tercer milenio, y que se describen en *La Décima Revelación.*

"Redfield habla a una generación
con hambre de alimento espiritual."
–*NEWARK STAR-LEDGER*